JN438298

참새 살리기

당진문화재단
2019 **당진 차세대 문학인** 선정작품집

참새 살리기

— 한현숙 수필집 —

| 작가의 말 |

낙엽만 굴러가도 까르르대던 17살 사춘기 시절 문학을 만났습니다. 작문 선생님이 '태양'이란 소제를 던져주고 써오라던 시를 쓰기 위해 온종일 눈에 보이는 사물을 시어로 만들었습니다. 앉으나 서나 시를 생각하며 글을 쓰다 보면, 처음 설정했던 방향과 다른 내면의 글들이 불쑥불쑥 튀어 나와 또 다른 나와 만나곤 하였습니다. 친구들이 건네는 시집 한 권 내보라는 말이 팍팍한 삶속에 사치처럼 느껴져 시인을 꿈꾸면 안 되는 줄 알고 살았습니다.

그러구러 흩어가는 시간 속에 17살 적에 만났던 시어들은 삶의 뒤편으로 사라져갔습니다. 하지만 마음속 깊숙이 묻어야 했던 '쓰고 싶다'는 소망은 사그라들지 않았었나 봅니다. 좋은 책을 읽고 나면 막연하게 나도 이런 글을 쓰고 싶다는 소망이 불쑥불쑥 올라왔습니다. 어느 날 우연히 책을 읽다가 한 문장을 만났습니다. 정확히 기억은 안 나지만 '글을 쓰고 싶다는 소망이 있다 해도 진짜 쓰지 않는다면, 그건 진짜 소망이 아니다'라는 문장이었습니다.

20년 넘게 세상 물정 모르고 살림만 하던 내 삶에 파문이 일었습니다. 막연하기만 했던 내 소망을 꺼내 놓고 보니 너무나 초라했습니다. 밤낮으로 소망을 갈고닦아 희망의 빛으로 삼고자 동분서주했습니다. 그 어설픈 일상을 첫 수필집에 담았습니다.

현실의 벽이 너무 커 오랜 시간 묻어둔 소망이 있다면 누구라도 함께 용기를 갖고 희망을 꿈꿀 수 있도록 길잡이가 되고 싶은 마음도 담았습니다.

사춘기 시절 문학을 만났던 소녀가 세 곱절의 시간을 보내고, 첫 수필집을 발간할 수 있도록 당진문화의 저변 확대에 노고를 아끼지 않는 당진문화재단과 내 삶의 근원이자 힘이 되어준 사랑하는 가족들에게 고맙다는 말을 지면으로 전합니다.

수필의 세계로 인도해 준 나루문학 이종미 회장님과 에세이포레 한상렬 회장님께 감사를 전합니다.

2019년 늦가을에

한 현 숙

| 작가의 말 |

제 1 부 꽃은 많을수록 좋다 • 11

contents

제 3 부 참새 살리기 • 87

contents

제 1 부

꽃은 많을수록 좋다

낮은 자리에서 별이 되다

소설 무렵 손돌바람 불더니 첫눈이 소복하게 내렸다. 때를 잊고 피어난 노란 민들레꽃 위로도 포근한 이불처럼 내렸다. 겨울 햇살이 설경 위로 쏟아져 내리자 하얀 눈이 녹아내린다. 들녘의 푸른 싹들은 누렇게 사그라져 버렸다. 눈 속에 피어난 노란 민들레도 꽃잎을 오므렸다. 노란 꽃잎 아래로 까만 생명들이 차갑게 여물어가고 있으리라.

눈 속에 피어 있는 민들레꽃을 보니『강아지 똥』의 작가 권정생 선생님이 사시던 곳에 다녀온 기억이 떠오른다. 빌뱅이 언덕 아래 버려진 상엿집과 고인돌이 있는 좁은 개울가에 작은 토담집 하나 자리 잡고 있다. 빌뱅이 언덕은 고려장으로 인한 무덤으로 가득 찬 곳이다. 꽃을 단 상여가 많이 올라간다 하여 꽃삼만데 라고도 부른다. 지금도 많은 무덤과 원형 그대로인 고려장 터가 남아 있는 곳이다. 어둠과 죽음의 상징이었던 빌뱅이 언덕은 권정생 선생으로 인해 많은 사람들이 찾아오는 아름다운 동산으로 변했다.

권정생 선생은 1937년 일본 도쿄의 빈민가에서 태어났다. 광복 직후 귀국했지만 가난과 굶주림으로 가족들과 헤어질 수밖에 없었다. 어렸을 때부터 나무 장수, 고구마 장수, 담배 장수와 가게의 점원 등을 하며 떠돌았다.

한국전쟁의 소용돌이 속에서 권정생 선생은 굶주림과 추위에 시달리다 결핵에 걸렸다. 결핵에 걸려 빼빼 마른 청년을 받아 주는 곳은 아무 데도 없었다. 마지막 안식처였던 어머니마저 동생들을 부탁하며 하늘나라로 가셨다. 또다시 병든 몸을 이끌고 걸식하다 쓰러진 청년의 귀에 새벽 종소리가 들려왔다. 종소리는 병든 청년을 시골 예배당으로 이끌었다. 몸이 약해 할 수 있는 일이 아무것도 없던 청년은 마을의 예배당 문간방에 살며 종지기가 되었다.

또다시 찾아온 결핵성 늑막염으로 인해 녹아내린 신장을 대신해 오줌주머니를 차야 했다. 그래도 청년은 종 치는 일만은 멈추지 않았다. 한갓 종지기였던 자신을 교회 아이들은 선생님이라 부르며 따랐다. 청년은 마치 강아지 똥과 같이 쓸모없다고 생각했던 자신을 따르는 아이들이 예뻤다. 이런 아이들을 위해 청년은 어린이 예배 시간에 동화를 만들어 들려주기 시작했다. 시나브로 자신의 달란트를 발견하고 하나님께 감사를 드렸다.

선생은 1969년 단편 동화 「강아지 똥」을 발표하였다. 월간 『기독교 교육』 제1회 아동문학상을 받으며 동화작가로서의 삶을 시작한다. 1973년 〈조선일보〉 신춘문예 동화 부문에 「무명저고리와 엄마」가 당선되었고, 1975년 제1회 한국아동문학상을 받았다. 1980년대 초 동화 「몽실언니」로 유명세를 타며 교회 뒤 빌뱅이 언덕 밑에 비로소 작은 흙집을 짓고 살며 작품을 쓸 수 있었다. 병마로 인해 늑막염, 폐결핵, 방광결핵, 신장결핵 등을 의복처럼 걸치고 살았다. 죽음의 문턱에서도 아이들을 위한 동화 쓰기를 멈추지 않다가 2007년 5월 17일 세상을 떠나셨다.

권정생 선생은 인세 수입이 넉넉함에도 한 달 오만 원으로 생활하며 청빈하게 살았다. 자신의 유산 십억 원은 굶는 아이들을 위해 써달라고 부탁하였다. 2억 원은 선생이 걸식하며 떠돌 때 자신을 받아준 교회와 마을 주민들에게 모두 나눠주셨다. 지금도 매년 1억 원의 인세가 굶는 아이들을 위해 쓰여 지고 있다.

선생의 삶의 자취를 돌아보며 한없이 내 모습이 작아 보였다. 하나님은 세상에 쓸모없는 것은 하나도 만들지 않았다는 것을 그동안 잊고 살았다. 내 이해타산에 맞지 않는 이들을 외면하고 회피하던 나 자신이 부끄러웠다. 자신이 강아지 똥과 같이 쓸모없다는 비탄에 잠겨있을 때 선생을 따르던 동심이 없었더라면 우리는 선생의 아름다운 동화를 만나지 못할 수도 있었을 것이다. 삶의 희로애락에 잊고 있었던 동심을 찾는 귀한 시간이었다.

유난히 잦은 초겨울 비에 함초롬하던 민들레들이 초겨울 햇살을 받아 하얀 관모를 피워 올렸다. 민들레 갓털 아래쪽에 길쭉하고 까만 씨앗을 품고 위풍당당한 풍모로 가장 낮은 자리에서 비상을 꿈꾸고 있다. 마지막 순간까지 가장 낮은 곳에 희망을 전하며 별이 된 권정생 선생이 그리운 날이다.

나비의 꿈

매서운 한파가 몰아치던 2015년의 마지막 수요일. 일본대사관 앞에서는 '일본군 위안부' 문제 해결 촉구를 위한 1211차 정기 수요집회를 열었다. 수요집회는 1991년 김학순 할머니가 위안부 실상을 처음으로 증언한 뒤 이듬해 1월 8일 시작됐다. 시작할 때만 해도 피해 사실을 직접 공개하면 금세 공식적인 사죄와 법적인 배상을 받을 줄 알았다. 일본대사관을 향해 침묵으로, 때로는 큰 목소리로 항의했지만, 돌아온 건 일본 정부의 무반응이었다.

일본 정부보다 더 아팠던 건 뒤편에서 수군거리는 일부 시민들이었다. 한여름엔 땀 뻘뻘 흘리고 겨울엔 한파에 시달리며 수요집회에 참석했다. 버스 타고 한참 걸어가 집회에 참여하노라면 따가운 시선으로 바라보는 사람들도 많았다. 아이들에게 못 보게 하는 아이 엄마들을 볼 때마다 죄인인 양 움츠러들었다. 어느 날은 "민족의 치부를 드러내서 뭐 하느냐"며 몰아세우는 사람도 있었다. 하지만 24년의 외침에 시나브로 국민들의 의식이 바뀌어 갔다. 수요집회는 단일 사안으로는 세계에서 가장 오래 이어져 기네스북에 올랐다. '일본군 위안부' 할머니들의 외침은 지금까지 이어지지만 일본 정부는 죄를 짓고도 모른 체 하며 오리발만 내밀고 있다.

지난 28일 한일 '일본군 위안부' 협상이 타결되었다. 이번 협상은 일본제

국주의의 전쟁에서 그녀들을 강제 동원한 전쟁범죄에 관한 내용이다. 위안부 피해에 대한 일본의 배상이 당연하지만, 협상의 결과는 배상이 아닌 보상에 그치고 말았다. 전쟁범죄에 대한 반성이나 아베 총리의 공식적 사과는 없었다. 이번 협상 과정에서 일본의 사과는 외무상이 대신 마무리 지으며 마지못해 머리를 조아렸다. 가장 중요한 것은 피해 당사자들인 할머니들과의 협의 없이 합의를 이뤘다는 것이다.

이것은 협상의 기본 조건을 무시한 처사다. 정부는 협상 과정에서 할머니들이 만족하지 않는 협상은 하지 않겠다고 공언한 바 있다. 하지만 정부는 10억 엔의 보상금으로 할머니들의 명예와 인권을 다시 한번 짓밟았다. 그녀들은 하늘에 가신 238명의 '일본군 위안부'의 한을 풀어주고 우리 후손에게 피해가 가지 않도록 결사적으로 싸우겠다고 선언하셨다.

약아빠진 아베 총리가 지지기반인 보수층의 비판을 감수하면서까지 이번 합의를 단행한 데는 이유가 있다. 그는 전후 70년 담화에서 다음과 같이 말했다.

"전쟁과 아무런 상관이 없는 우리 아이들과 손자, 그다음 세대의 아이들에게 계속 사죄의 숙명을 짊어지게 해서는 안 된다."고 말한 바 있다. 아베 총리는 외교부 장관 회담 후에 "한국이 위안부 문제를 다시 문제 삼지 않는다."는 약속을 해달라고했다. 그러면 아이들을 사죄의 숙명으로부터 해방시킬 수 있다며 주변에 이번 합의의 의의를 강조했다. 총리가 사과 코스프레를 하는 당일 날 아베 부인은 야스쿠니 신사 참배를 했다며 사진을 공개했다.

아베 총리와 일본 정부가 정말로 일본의 아이들과 손자, 그다음 세대의 아이들을 위한다면 이런 식의 합의를 단행하지 말아야 했다. 정식으로 역사, 법률, 인권적인 책임을 기꺼이 져야 한다. 일본이 나서서 위안부 기념비를 세우고 교과서에 이를 기록하며 일본 총리가 피해자에게 90도로 절을 하며 사과해야 할 것이다. 일본은 역사를 제대로 직시해야 한다.

그동안 일본은 전범국인 일본의 특수성과 과거사 문제에 발목 잡혀 유엔에 가장 많은 기여를 하고도, 대륙별로 돌아가며 차지하는 역할이 아시아일 때 그 자리를 차지할 수 없었다. 하지만 이번 한일 협상 결과로 인해 일본에 면죄부가 주어진 결과가 되었다.

일본 언론에서는 연일 '위안부 소녀상을 철거하라'는 기사를 내보내며 한국 정부를 압박해 나가고 있다. 한국이 중국과 더불어 위안부 관련 유네스코 세계기록 유산 등재 절차를 보류하겠다고 했다는 일부 보도도 같은 맥락일 것이다.

서경덕 교수는 언론을 통해 이렇게 밝히고 있다.

"한국은 이런 언론 플레이에 당황할 것이 아니라 이번 기회에 '위안부 소녀상'을 세계적인 관광지로 만드는 것이 중요하다. '론니플래닛' 같은 세계적인 관광책자에 주한 일본 대사관 앞 '위안부'소녀상을 포함시켜야 한다. 한국에 오는 외국인 관광객들이 반드시 방문할 수 있도록 유도해야 한다. '유대인학살'의 상징인 '홀로코스트기념관'처럼 '일본군 위안부' 소녀상도 세계적인 상징 브랜드로 키워나가는 것이 중요하다."

지금까지도 일본 대사관 앞에서는 수요일마다 집회가 열린다. 용기 있고 끈질기게 '공식사죄 법적 배상, 평화가 여기에, 인권이 여기에, 피해자에게 정의를' 외치고 있다. 이제라도 할머니들의 명예와 인권이 회복되는 그 날까지 잃어버린 나비의 꿈을 펼칠 수 있도록 끝까지 함께 하겠다는 의지를 보여줄 때이다.

봉산산방

문학회 모임에서 봉산산방에 갔다. 봉산산방은 미당 서정주 시인 사후 10년 만에 원형 복원한 집이다. 곰이 마늘과 쑥을 먹고 웅녀가 됐다는 단군 신화에서 따온 말로 한국적인 미학과 사상을 탐구하고자 했던 시인의 마음이 엿보이는 집이다. 시인이 직접 설계해 지은 집이라 한다.

대문을 열고 들어서니 시인이 직접 심고 가꾼 나무들과 소나무, 감나무 등이 마당을 지키며 일행을 반긴다. 1층 전시장에는 시인이 직접 설계한 집의 설계도와 생전에 사용하던 물건들이 전시돼 있다. 2층에는 시인이 시를 쓰고 고뇌한 창작의 산실이 옛 모습 그대로 복원돼 있다. 이곳에서 『질마재 신화』, 『늙은 떠돌이의 시』, 『팔 할의 바람』, 『산시』 등 주옥같은 시집들을 출간했다. 미당의 육성과 모습이 담긴 영상물과 사진도 볼 수 있다. 야외 마당은 문학단체의 소규모 행사, 문학동아리의 학습 공간, 주민들의 문화쉼터로 이용되고 있다.

창작 산실을 돌아보며 한쪽에서는 시인의 시를 읽으며 탄복하고 한쪽에서는 친일, 독재 찬양, 교언영색 등 시인의 행적에 대한 논란으로 갑론을박이 이어졌다. 한국적인 미학과 사상을 탐구하셨던 분이시지만 그의 고백처럼 어떤 이는 그의 눈에서 죄인을 읽고, 어떤 이는 그의 입에서 천치를 읽고 간다. 아무것도 뉘우치지 않았기에 언제나 몇 방울의 피가 섞여 있는 시를 지으며 살아야 했던 시인의 삶. 별이었던 때에도 그늘이었던 때에도 병든 수캐마냥 헐떡이며 삶과 시가 분리된 삶을 살았기에 후손들에게 감당하기 힘든 카르마를 남긴 것은 아닐까. 기대와 설렘으로 찾은 봉산산방엔 오래된 묵향이 눅눅하게 묻어나고 방문객은 이어지는데 집이 주는 아늑함과 생기는 찾을 수 없어 적막감만이 감돌았다.

미당은 아내 사랑이 각별했다 한다. 이곳에서 삼십 년 넘게 살다 아내가 사망하자 충격을 받고 쓰러진다. 곡기를 거부한 채 투병하다 혼수상태에 빠져 크리스마스를 하루 앞두고 영원히 잠든다. 시인의 명성엔 오욕의 발자취가 그림자처럼 따라다녔다. 서정주란 거목을 지탱해준 아내란 버팀목이 사라진 세상에서 팔 할의 바람을 홀로 맞는 것이 죽음보다 더 견디기 어려웠나 보다.

시인은 세상을 떠났고 그의 뛰어난 작품과 권력에 굴복했던 역사는 고스란히 남아있다. 우리말을 가장 능수능란하고 아름답게 구사해 우리글이 도달할 수 있는 최고의 경지를 보여 주신 시인이요. 70년에 이르는 긴 창작기간 동안 천여 편의 시를 발표해 대표작이 가장 많은 시인. 시집을 낼 때마다 늘 새로운 관점, 대상, 기법을 선보이며 생의 마지막까지 시를 쓰다 가신 시를 위해 태어난 분. 예술가의 작품과 인생을 별개로 평가할 수 있는 것인지 끊임없는 논란의 중심에서 자유롭지 못한 분으로 역사에 기록되고 있다.

미당에게는 '아직 덜된 사람'이라는 겸손한 마음과 '영원히 소년이려는 마음' 이 모두 담겨 있어 '늘 새로운 것'을 추구하고자 하는 삶을 살았으나, 역사의 소용돌이 앞에선 미성숙했고, 일신의 안위를 위해서는 영원한 소년처럼 삶을 살았으며, 역사라는 흐르는 강 앞에 서서 권력이라는 징검다리를 디딤돌 삼아 탄탄대로의 삶을 누렸으니 격변의 역사 속에 좌지우지하던 비겁한 지식인의 자화상은 아닐까.

봉산산방을 나와 찹찹한 마음으로 까치산 등산로로 향했다. 못난 나무가 산을 지킨다는 말처럼 굽은 소나무가 야트막한 산길을 굳건히 버티고 서있었다. 산길을 걸으며 윤동주 시인의 「자화상」을 떠오려 본다. 일본 제국주의의 횡포는 날로 심해지고 우리 민족이 겪고 있는 현실을 외면할 수 없었던 시대. 아름답고 평화로운 세계를 이야기하고 싶지만, 동시에 시대를 대변해야 하는 갈림길에서 고민하던 윤동주 시인의 마음을 엿본다.

> 산모퉁이를 돌아 논 가 외딴 우물을 홀로 찾아가선
> 가만히 들여다봅니다.
> 우물 속에는 달이 밝고 구름이 흐르고 하늘이
> 펼치고 파아란 바람이 불고 가을이 있습니다.
> 그리고 한 사나이가 있습니다.
> 어쩐지 그 사나이가 미워져 돌아갑니다.
> 돌아가다 생각하니 그 사나이가 가엾어집니다.
> 도로 가 들여다보니 사나이는 그대로 있습니다.
> 다시 그 사나이가 미워져 돌아갑니다.
> 돌아가다 생각하니 그 사나이가 그리워집니다.
> 우물 속에는 달이 밝고 구름이 흐르고 하늘이
> 펼치고 파아란 바람이 불고 가을이 있고
> 추억처럼 사나이가 있습니다.

학창 시절 미당의 시를 읊조리며 시인이 되는 꿈을 꾸기도 했다. 살포시 눈을 감고 그의 시를 낭송하며 울고 웃으며 상상의 나래를 펴기도 했다. 문학과는 먼 삶을 살면서도 마음 한편에 가지 않은 길에 대한 설렘을 간직하고 살았다. 미당에게도 윤동주 시인처럼 자신을 들여다볼 수 있는 외딴 우물이 있었다면 하는 마음이 드는 것은 나에게도 외딴 우물이 필요한 까닭이 아닐까.

꽃은 많을수록 좋다

도화지 한가득 서툰 솜씨로 아이가 꽃을 그리고 있다. 그림을 완성한 후 '꽃은 많을수록 좋아요. 아직 안 자란 꽃도 있어요.'라는 글씨와 함께 선생님을 바라보며 아이는 말한다. '그게 나예요.'

'이야기의 힘 책의 힘'이란 주제로 이중미 작가가 소외된 지역에 가난과 방임으로 따돌림을 당하는 아이들과 생활하며 겪은 이야기보따리를 풀어놓았다. 급속한 도시화와 근대화 과정에서 밀려난 사람들의 이야기는 소소하지만 위대하고, 애잔하지만 강한 여운을 안겨주었다. 땀내 나는 삶의 향기에 흠뻑 취해 작가와 동화되는 시간이었다.

스물네 살의 그녀는 인천 만석동에 있는 빈민 지역에 '기찻길 옆 아가방'을 운영하다 아가들이 성장 속도에 발맞춰 '기찻길 옆 작은 학교'라는 공부방을 근 30년 동안 운영하며 괭이부리말 아이들과 공동체적 삶을 가꾸며 살고 있다. 이곳에 온 지 10년쯤 되었을 때 공부방 운영에 도움이 될까 하여 혹시나 하는 마음에 김미중이란 이름으로 공모전에 보낸 「괭이부리말 아이들」이 당선되면서 괭이부리말이 우리에게 알려지기 시작했다.

28년째 공부방을 운영하면서 남편을 만나 공부방 2층에 신혼살림을 차리고 자신의 모든 개인적인 삶마저도 아이들과 함께 나누는 삶이어서 행복했다. 뱃속으로 나은 아이들도 공부방 아이들에게 상처 될까 맘껏 안아주지도 못했다. 할 수 있는 일은 벼랑에 내몰린 아이들과 함께 '벼랑 위에서 뛰어내리거나 곁에서 함께 우는 것만이 할 수 있는 일의 전부였다.' 한다. 그것이 곧 희망이었고 문학도 그것의 연장선이었다는 작가관이 진솔하게 가슴에 와닿았다.

주어진 가난은 누구나 벗어나고 싶어 한다. 하지만 작가 스스로 선택한 맑은 가난이었기에 가난에 지친 아이들에게 생각할 수 있는 능력을 키워주기 위해, 자신의 노동에 대한 정당한 대가를 가늠하고 요구할 수 있는 능력을 갖추기 위해, 전쟁 같은 하루하루를 꿋꿋이 견디며 살아냈다. 그것이 평화를 지키는 길이며, 아이들이 맘껏 꽃필 수 있는 길이라는 믿음이며, 작가가 자발적 가난을 선택한 이유와 공동체의 품은 꿈이었다,

더불어 사는 삶 속에 교육의 의미와 세상을 향한 따뜻한 실천에서 배여나온 작가의 치열한 삶이 작품 속에 오롯이 배여 있었기에 그동안 작가의 작품들을 읽을 때 유독 가슴 짠한 감동으로 다가 왔나보다.

30년 세월의 흐름 속에 청년으로 성장한 2세대들이 공동체의 주춧돌로 시나브로 자리해있다. 서른 명 정도 되는 청년들 대부분은 공부방을 졸업한 아이들이다. 공동체 아이들 대부분은 성장해 자원 교사로 오지만 공동체는 하지 않겠다고 선언한 청년도 있고, 다른 진로를 선택하는 경우도 있으며 공동체와 사회에서 가치 있는 삶과 인정받고 싶은 욕구로 갈팡질팡하는 청년들도 있다. '공부방에서 만난 사람들은 다 이상한 사람들이에요. 근데 난 이상한 사람이 되고 싶어요.'라고 말하는 청년의 한마디가 열악한 환경에서도 무너져 내리지 않는 공동체의 본질적 존재 이유일 것이다.

강의를 마치고 지인과 함께 괭이 마을로 향하는 작가와 버스 승차장까지 동행했다. 인천이 고향인 지인이 고향에 들리면 공부방을 방문해 보고 싶다며 조심스럽게 물었다. 아이들에게 어쩌면 상처가 될 수 있을 것이라며 공부방 운영 방침의 최우선이 아이들이라며 정중히 거절하셨다. 작가의 그 한마디에 온몸과 마음으로 아이들을 지켜내려 애쓰는 모습이 엿보였다.

그동안 빠듯한 살림에 아이들을 키우며 주변 사람들이 무심히 건네는 말이나 행동으로 인해 상처받기도 하고, 상처 주는 일이 다반사였다. 상처로 인해 나 스스로 불행한 것 같았고, 아이들이 혹시라도 상처받을까 전전긍긍하며 무심결에 상처를 주기도 하고, 자책감에 힘들어하기도 했다. 오늘 작가를 보면서 많은 것을 느꼈다. 아이들은 따뜻한 가슴속에서 희망이란 꽃으로 맘껏 자란다는 사실을. 경제적인 결핍 때문이 아니라 따뜻한 가슴을 잃어버렸기 때문에 불행하다고 느끼고 있었다는 것을. 행복의 비결은 얼마나 많이 가지고 있느냐가 아니라 얼마만큼 내려놓고 자유로운가에 달려 있다는 것을.

작가를 배웅하고 집으로 향했다. 저녁놀이 어스름하게 내려앉은 골목길에 가을꽃들이 발갛게 물들어 있다. 키 큰 코스모스와 금계국 사이로 메리골드와 민들레가 사이좋게 피어있다. 좁은 골목길 사람들의 발길이 드문 틈바구니를 용케 찾아서 욕심 없이 피어 있는 모습이 소박하고 예뻐 눈길이 머무른다. 역시 꽃들은 많을수록 좋다. 나만의 욕심이 아닌 희망이 가득한 꽃들의 삶을 맘에 새겨본다.

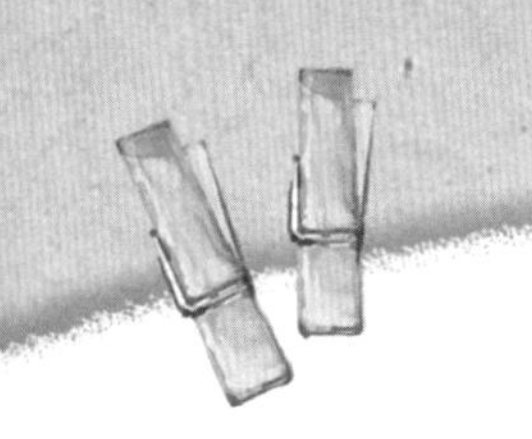

태평무 이수자의 첫 발짓

문화연대에서 주최하는 공연이 한국무용을 주제로 한다는 소식을 들었다. 이번 공연을 하는 백수경 무용수는 중요무형문화재 제92호 태평무 이수자이자 2018년도 한밭국악대회 한국무용 명무부 문화재청장상을 수상한 한국무용계의 보석 같은 재원이다.

유치원에서 취미로 발레를 배운 백수경 씨는 초등학교 때 집 앞에 생긴 국악원에서 한국무용을 시작했다. 포항에서 무작정 상경해 태평무 예능보유자이자 인간문화재이신 강선영 선생의 자택을 찾아가 수경 씨를 맡길 정도로 열성적인 어머니 덕분에 강선영 선생의 최연소 제자로 태평무를 이수할 수 있었다. 원래 강선영 선생은 학생들을 제자로 받지 않았는데, 수경 씨 어머니의 모습에서 운명처럼 한성준 선생을 찾아가 딸을 맡기시던 어머니가 떠올라 제자로 받아주셨다고 한다.

수경 씨는 재작년 아흔의 나이로 돌아가시기 전까지 휠체어에 앉아서도 춤을 추셨던 강선영 선생님의 가르침을 본받아 즐거울 때 추는 것이 춤이며, 춤을 출 때는 내 마음속에 감정이 우러나와야 한다는 일념으로 한국무용을 하다 보니 시나브로 한국무용수로의 인생이 정해졌다고 한다.

부산 국립국악원 무용단원으로 활동할 정도로 뛰어난 실력의 소유자지만, 희로애락을 표현하는 예술적 활동이 아니라, 무대에 서기 위해 감정 없이 연습하고, 춤을 추는 기계가 되어 간다는 생각에 국립국악원을 나온 후 당진의 한 초등학교에서 창의적 체험활동으로 한국무용을 가르치다가, 당진에서 일하고 있는 남편을 만나 올해 2월 결혼하면서 당진에 정착했다. 지금은 당진문화예술 학교에서 수업을 진행하고 있으며, 우연한 기회에 문화연대와 인연이 되어 좋은 뜻을 가지고 공연에 참여해주겠냐는 제의를 받고 흔쾌히 공연을 준비했다.

작년에 우연히 2018 멜론 뮤직어워드에서 방탄소년단이 꽹과리, 태평소와 같은 전통악기로 편곡을 해 삼고무, 부채춤, 탈춤, 사자춤을 곁들인 국악 버전의 새로운 레전드 영상 '아이돌'을 보고 한국 춤의 매력에 푹 빠져들었다. 특이 지민이 선보인 화려하고 파워풀하며 섬세함이 느껴지는 춤 선을 보여주는 부채춤을 보고 '와~ 작은 부채로 세계를 저렇게 뒤흔들 수도 있구나.'란 생각에 온몸에 전율을 느꼈었다.

한국의 전통과 현대 음악이 절묘하게 어우러진 화려하고 멋진 곡을 펼치던 무대의 여운이 머릿속에서 떠나지 않고 머물던 차에 문화예술학교에서 한국 무용수 백수경 선생이 당진에서 첫 번째 공연을 한다고 하니 이런 좋은 기회를 놓칠 수가 없어 아이와 함께 공연장으로 향했다.

첫 공연은 태평무를 선보였다. 태평무는 나라의 풍년과 태평성대를 기원하는 춤으로 춤사위를 볼 때 발놀림을 유심히 봐야 한다. 20세기 초반에 한성준이 무대공연 작품으로 창작한 것으로 왕실의 번영과, 나라의 태평성대를 기원하기 위하여 왕비 또는 왕이 직접 춤을 춘다는 내용을 담은 작품이다. 이 춤은 장중하면서도 빠른 발놀림이 특징이다. 빠른 걸음으로 복잡한 장단을 경쾌하게 가로지르는 발 디딤이 장단과 어울려 장단 사이사이에 발로 원을 그리며 돌리고 굴리는 기교적인 발짓은 이 춤만이 가진 고유의 멋이다.

전래의 왕십리 당굿의 특이한 무손장단을 바탕으로 구성하고 있으며, 낙궁, 터벌림, 섭채, 올림채, 도살풀이, 자진 도살풀이 등으로 우리 민속 음악의 대표적인 가락과 장단이 고루 어우러져 매우 독특하며 아름다운 조화를 이루는 춤이었다. 경쾌하고 특이한 발짓 품에 손놀림이 우아하고 섬세하며 절도가 있어 우리 민속춤이 지닌 정중동의 흥과 멋을 무대에서 맘껏 발산하는 생동감 넘치는 무대였다.

공연팀이 무대의상을 갈아입는 사이 피아니스트 이혜근의 반주에 맞춰 바리톤 김태선이 레미제라블의 라베르 경감이 부르던 '스타스와 하늘을 날다'라는 뜻의 볼레로를 열창했다.

어릴 적 초등학교 운동회에서 가장 인기가 많고 항상 빠지지 않는 게 부채춤이었다. 아이들 어린이집 발표회에서도 가장 인기가 많아 빠지지 않고 하는 것도 부채춤이다. 신무용 계열에 속하는 부채춤은 김백봉에 의하여 창작되어 1954년 11월 26일부터 28일까지 서울 시공관 무대에서 처음으로 발표되었다. 독무로 추던 부채춤은 1968년 멕시코 올림픽의 방계 행사인 세계민속예술제전에서 한국 민속예술단에 의하여 군무 형식으로 재구성되었다.

머리 위엔 화사하게 장식된 족두리를 얹은 백수경 선생은 미색 바탕에 모란꽃을 수놓은 당의풍의 저고리와 진분홍색 통치마를 입고, 양손에 무선 모양의 꽃부채를 들고 부채춤을 선보였다.

창부타령의 굿거리 · 자진모리장단에 맞춰 부채를 펴고, 접고, 돌리고, 뿌리며 현란한 춤사위를 선보이며, 동시적 · 이시적으로 그렇지 않으면 대

위적 · 교차적으로 펴고 접는 부채 사위는 빠른 리듬을 타며 생동감이 넘친다. 활달 자재한 멋의 춤사위는 마음이 차분히 가라앉도록 조용하였다가도 약동감을 보여준다. 때로는 명상하듯 하다가 불같이 타오르며 삶의 희로애락을 보여주는 것 같은 감정의 짜임새가 고도의 조화미를 이루며 관객들을 단박에 사로잡았다.

부채춤이 끝나고 바리톤 김태선의 '시간에 기대어'를 들으며 한국무용이란 무엇일까 생각해 보았다. 어린 시절의 시간은 고장 난 시계처럼 천천히 흐르는 것 같았다. 조급한 마음에 발바닥이 땅에 닿기도 전에 발걸음을 옮기며 시간을 앞질러 가느라 우리 것에 대한 것들의 소중함을 잊고 살았다. 시나브로 세월의 흐름에 속도를 맞춰 살다 보니 어려서 보지 못하던 우리의 전통미와 풍속의 소중함이 눈에 들어오기 시작한다.

이어서 경기도 무형문화재 제53호인 경기 검무가 시작됐다. 피리를 중심으로 장고, 대금, 해금 및 아쟁 등이 함께 비슷한 선율을 연주하는 대풍류의 반주 음악에 맞춰 능수능란하게 움직이는 칼 춤사위는 쉼 없이 짧고 빠른 춤사위가 이어진다. 짧고 절도 있는 춤사위엔 전통과 현대를 아우르는 절제된 아름다움이 배어있다. 검무에서는 대부분 대풍류를 반주 음악으로 사용하지 않을 뿐만 아니라, 대풍류의 구성에서 느린 장단을 생략해 연주 시간이 상대적으로 짧고 지루한 느낌을 주지 않는 점이 경기 검무의 차별성이다.

경기 검무는 한성준에 이어 중요 무형문화재 고 강선영으로 전해졌고, 다시 강선영의 제자 김근희가 보유자로 맥을 이어가고 있다.

마지막으로 장구춤이 이어졌다. 흥을 돋우는 장고 리듬에 맞춰 관람객들의 어깨가 절로 들썩들썩하며 장단을 맞춘다. 시나브로 공연장이 열기로 후끈후끈하다.

공연을 마치고 첫 공연 소감과 앞으로 당진에서 한국 무용수로서 하고 싶은 일과 이루고 싶은 꿈을 들어 보기 위해 백수경 무용수의 이야기를 들었다.

"백수경이란 이름을 걸고 하는 공연이고, 당진에 와서 제 춤을 소개할 수 있는 좋은 계기가 될 수 있다 생각해서 준비 기간은 그리 길지는 않았지만 차곡차곡 준비했습니다. 이름을 걸고 하는 공연이기에 부담은 되었지만, 관객들을 실망시킬 수 없다는 일념 하에 열심히 최선을 다해서 공연을 했습니다. 관객 한 분 한 분의 소감을 듣고 싶지만, 공연을 마치고 난 후 관객들의 아낌없는 박수와 격려를 받으며 관객과 하나가 되었다는 생각이 들었어요. 그 정도로 공연이 잘 된 것 같고 앞으로도 내 이름 석 자를 걸고 믿음을 주는 공연을 하도록 더욱 노력해야겠다고 마음먹는 계기가 되는 뿌듯한 공연이어서 너무 기뻐요."

"한국무용은 하면 할수록 그 깊이를 갖게 돼요. 그러나 나 혼자 즐기고 알고 있기보다, 더 많은 당진시민들에게 한국무용의 아름다움을 전하고 싶습니다. 당진의 무용뿐 아니라 문화예술의 발전에 힘쓸 것이며 최고의 학위를 얻기까지 강선영 선생님을 본받아 끊임없이 공부해 나갈 거예요."

한국무용에 대한 열의와 무한 애정을 아낌없이 드러내는 백수경의 존재만으로도 당진에서 한국무용의 미래는 밝음을 확인하고 집으로 돌아오며 아이와 함께 태평무를 추던 백수경 무용수의 첫 발짓을 마음에 담아보았다.

황석영 작가를 만나다

2018 심훈문학 대상에 황석영 작가가 수상자로 선정되었다는 소식을 들었다. 근현대사의 방향타 역할을 하며, 풍랑 속에서 대한민국이라는 배가 좌초되지 않도록 치열하게 써 내려간 작품을 읽을 때마다 상록수의 작가 심훈 선생의 정신을 엿보곤 하던 참이었다.

심훈 선생은 암울했던 일제강점기에 굵직굵직한 사건이 있을 때마다 브나로드운동을 통해 민중계몽에 힘쓰셨다. 황석영 작가 또한 암울했던 독재시절 낮은 자리에서 민중들과 항상 행보를 같이하며 치열하게 살아오셨기에 심훈문학 대상을 받는 것은 당연한 결과이리라.

당진시청 대강당에서 17회 심훈문학상을 받은 최지애 소설가의 사회로 황석영 작가와 함께하는 인문학 토크쇼가 이어졌다.

작가는 어린 시절 개구쟁이라 말썽부리고 싸움질하다 퇴학당하기도 했다고 한다. 또한 제도권 교육을 싫어해서 담임선생님께 학교를 그만 다니겠다는 편지를 쓸 정도로 당돌한 소년이었다고 한다.

그때의 경험이 『개밥바라기별』이란 작품으로 태어나 젊은이들 사이에 일정 부분 공감을 얻으며 베스트셀러가 된다. 작가는 초등학교 5학년 때 피난 후 집에 돌아와 본 오후의 풍경을 보고 느낀 일을 묘사한 글이 전국백일장에서 전체 수석을 한 것을 계기로 작가의 꿈을 갖게 된다.

자퇴 후 유치장에서 만난 남도를 떠도는 부랑 노동자를 따라 남도를 떠돌아다니기도 하고, 신탄진 공사장, 새만금 간척지 공사장, 진주 빵집을 떠돌다 일 년 정도 부산 동래 범어사에 들어가 생활하다가, 어머니께 잡혀 오기도 하는 등 제도권 밖에서의 경험이 작가로 가는 길에 든든한 자양분이 되었다고 하니 인생지사 새옹지마인가 보다.

헤밍웨이는 '전쟁을 겪은 자는 이제 더 이상 젊지 않다.'고 했다. 황석영 작가는 베트남 참전 이후, '내 중심의 가치관에서 남과 사회, 세상, 역사에 관심을 가지며 작가의 문학이 제일 처음 변화되었다.'고 한다. 그 변화의 연장선에 태어난 것이 장길산이다.

4.19 이후 역사학자들 사이에서 왕조사 중심으로 이뤄졌던 한국사 연구가 민중 중심으로 흐름이 바뀌며 규장각에 보관되어 있던 '의금부공초기록'에 잠들어 있던 「장길산」을 십여 년의 시간을 할애해 민초의 삶 속에 탄생시킨다.

작가는 항상 사회에 금기화된 것을 붓으로 때론 온몸으로 깨트려 나가며 일상화하고, 동시대 사람들과 나누기 위해 연극을 만들고, 노동자를 위한 야학도 운영한다. 근현대 소용돌이 한가운데서 민주주의를 쟁취하기 위한 활동이 작가가 당연히 할 일이라 생각했기에 이로 인해 여러 가지 고초를 겪기도 한다.

우리나라는 광복 이후 70년 이상 전쟁상태이다. 우리 아이들에게 전쟁이 없는 평화로운 상태의 나라를 물려줘야 하는 것이 기성세대의 의무이리라. 예로부터 우리는 대륙에서 호령하며 누리던 기마민족이었다. 남과 북의 분단으로 인해 작금의 우리 영토는 섬나라처럼 되어 버렸다. 또한 식민지의 영향으로 우리 상상력의 DNA 속에 시나브로 좁은 한반도가 각인되었다. 대륙이나, 이웃에 있는 세계의 영역이나 지역을 더불어서 생각할 상상력을 잃어버린 채 살아왔다.

좁은 나라 안에서 근시안적인 생각으로 서로 헐뜯고 싸우느라 정작 중요한 것들을 잃어버리고 살아온 게 현실이다. 작가는 마터형 증기 기관차를 소재로 만주벌판을 넘나들던 철도기관사 3대를 통해 우리가 잃어버린 것들이 무엇인지에 관한 글을 내년 봄에 출간할 예정이라고 한다. 50여 년을 한 곳을 바라보고 나아간 작가가 우리 곁에 있었기에 크고 작은 절망과 불운, 역사의 질곡 속에서도 많은 사람들에게 희망의 끈을 놓치지 않는 삶의 징검다리가 되어주지 않았을까 생각이 들었다.

마지막으로 작가가 미래를 이끌어갈 학생들에게 독서를 통해서 마음 근육을 단련할 수 있는 시간을 가졌으면 하는 애정 어린 당부를 하셨다. '책 읽기의 습관을 들이면 주체적 자존감 형성으로 아이들이 어려움이 처했을 때, 자기를 지탱하고 극복하는 능력이 스스로에게서 나오기 때문'이라고 한다.

토크쇼를 마치고 작가의 저서『수인』에 사인을 받았다. 작가의 자서전적인 내용이 담긴『수인』은 갇힌 사람이란 뜻으로 분단된 한반도라는 감옥에서 온몸으로 겪어야 했던 일들을 핏물로 기록한 작품이다. 시간의 감옥, 언어의 감옥에서 온몸으로 새겨야만 했던 문신처럼 지워지지 않는 냉전의 박물관과 같은 작품이다.

집으로 향하는 길 심훈 선생의 상록수 정신이 떠올랐다. 일제의 탄압 속에 고통받는 민중에게 붓으로 밭을 일궈 브나로드운동의 선봉에 서신 심훈 선생의 문학정신을 아로새겨 본다. 오늘따라 대로변에 늘어선 소나무의 빛이 더욱 푸르게 가슴에 다가왔다.

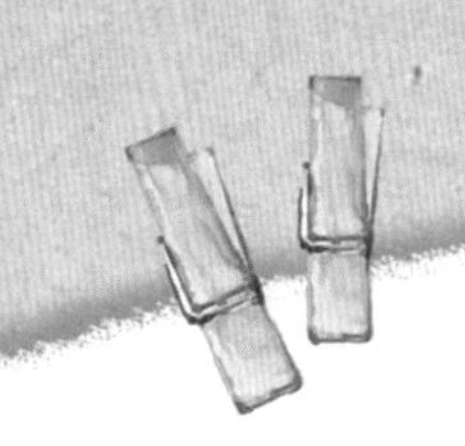

자동차 디자이너 현지호

현지호 자동차 디자인 전시회를 한다는 소식을 듣고 한달음에 달려갔다. 고즈넉한 시골 풍경을 음미하며 갤러리로 향했다. 대설 한파에 코끝이 매서웠지만, 걷다 보니 기분도 좋고 마음도 상쾌해 시나브로 콧노래가 나온다. 양희은의 '들길 따라서'를 흥얼거리며 홀로 걷다 보니 어느새 안스갤러리 앞이다.

숲속 아늑한 공간에 자리한 미술관은 곳곳에 설치해 놓은 조형물들이 나무들과 어우러져 운치 있고, 사진 찍기 좋은 장소도 많아 아이들과 함께 산책 삼아 걸어보아도 좋은 장소이다. 갤러리 입구에 들어서니 자동차 디자이너를 꿈꾸는 11살 지호 군의 성장 스토리 사진과 함께 5살 때부터 그린 자동차 디자인부터 현재까지 해마다 변천해 가는 자동차 디자인 스토리가 전시되어 있다.

지호 군은 연필을 잡고 처음 그린 그림이 자동차였을 정도로 자동차에 푹 빠져 디자인을 했다 한다. 동심으로 돌아가 지호 군의 상상 속 자동차의 세계에 빠져 하늘을 날아보기도 하고, 바다를 질주하기도 하며 자동차 여행을 했다. 이탈리아 명품 차 람보르기니가 부럽지 않는 지호 군의 명품 자동차 디자인에 푹 빠져 재미있게 작품도 감상했다.

지호 군은 주로 동화책을 보다가 영감을 받아 자동차 디자인을 창작하고, 기존 자동차의 취약점을 보안해 새롭게 디자인하기도 한다. 아름다운 동심으로 상상 속의 자동차를 구상해 종이 위에 그리다 보니 시나브로 미술적 재능이 더해졌다. 자동차의 각 부분을 따로 공부해 전문가에 뒤지지 않는 해박한 지식을 갖추고 있을 정도로 끊임없이 노력하기도 하고, 때로는 아이디어가 떠오르지 않아 창작에 따르는 고통을 겪기도 하며 눈물을 흘리기도 하지만, 작품이 완성할 때까지 손에서 종이와 연필을 놓지 않는 집념의 소유자다. 앞으로 사람들에게 편안함과 행복을 선사해 주는 자동차를 만들고 싶다고 말하는 따뜻한 감성의 소유자다.

달달한 커피 향기 가득한 갤러리 카페에 앉아 커피를 마시며 관장님과 이야기를 나눴다. 안스갤러리는 지역의 문화를 조성하기 위해 작품 전시를 비롯하여 벽화거리 조성, 거리미술 페스티벌 등을 통하여 지역사회에 문화예술을 향유할 수 있도록 노력해 왔다. 이번 자동차 디자인 전시회도 차 마시러 온 지호 군 어머니와 담소를 나누며 평생 잊지 못할 좋은 경험을 하게 해주고 싶은 마음에 일사천리로 진행됐다.

어른들도 쉽지 않은 전시회를 개최하는 지호의 마음이 궁금해 어머니와 이야기를 나누어 보았다. 이번 전시를 위해 지호 군이 작품을 특별히 준비한 건 없다 한다. 자동차 그리기가 일상이다 보니 그동안 그린 그림 분량이 파일로 7~8개나 되기 때문이다. 관장님의 권유로 전시회를 열었지만, '자동차 그림만 걸어 놓고 전시회를 해도 되는지 관람객이 없어 미술관에 민폐 끼치는 게 아닌지, 정말 작품을 보러 오는 사람들이 있을까.'라는 생각에 망설이는 마음이 컸다고 한다.

작품을 갤러리에 전시하고도 지호 군은 쑥스러운 마음에 친구들에게 리플릿도 제대로 나눠주지 못했다. 하지만 '전시회장에 찾아온 선생님과 친구들의 축하를 받으며 자신감도 얻고 좋아하는 모습을 보니 정말 잘했다.'는 생각이 들었다고 한다.

관장님도 지금까지 전시회 중 최고였다며 이번 전시회가 지호에게 소중한 추억으로 남았으면 좋겠다고 격려를 해주셨다. 요즘 세상에 아이 잘 키우기 쉽지 않은데 영재 아이를 키우는 비결을 들어보았다.

"타고난 사람은 노력하는 자를 이길 수 없으며, 즐기는 자는 노력으로도 타고난 것으로도 이길 수 없다는 말이 있잖아요. 사람들이 지호를 영재라고 하는데 지호는 조용한 성격에 평범한 아이예요. 아빠가 자동차를 좋아하다 보니 어렸을 때부터 자연스럽게 관심을 갖게 됐고, 좋아하는 것을 그림으로 그리다 보니 웬만한 어른보다 잘 그리게 된 것 같아요."

"작년에 영재발굴단 촬영할 때도 조용한 성격이다 보니 잘 할 수 있을까 걱정했는데 사람들의 관심을 은근 즐기기도 하며, 거침없이 끼를 발산하는 모습을 보았어요. 지호에게 저런 모습도 있구나 싶었어요. 작품을 하다 힘들 때도 좋아하는 분야다 보니 끝까지 포기하지 않고 방법을 터득해 나가는 모습을 보면 대견해요. 앞으로 아이의 열정이 식지 않도록 옆에서 묵묵히 도와주고 싶어요."

이번 주말에는 자동차를 좋아하는 아이들과 함께 안스갤러리에서 동심이 가득 담긴 최첨단 자동차 여행을 떠나 봐야겠다.

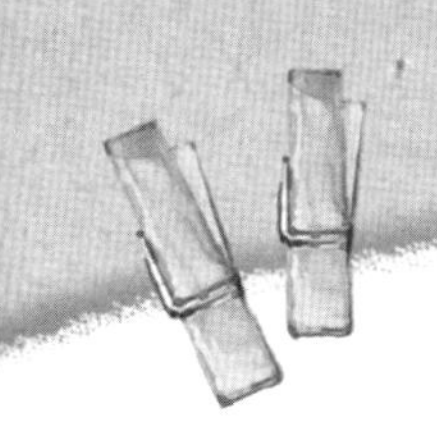

군함도의 절규

신문에서 '한국인이 선호하는 여름철 가족 휴양지, 일본', '군함도 유네스코 세계문화유산 등록' 이란 기사를 동시에 봤다. 기사를 읽는 내내 어린 나이에 강제 징용으로 하시마섬에 끌려가 노역에 시달리다 죽어간 소년들의 아우성이 귓전에 맴돌았다.

하시마섬은 1810년 일본의 한 어부가 최초로 발견했다. 그 당시에는 현재의 3분의 1 정도의 면적밖에 안 되는 작은 여울이었다. 1890년에 10만 엔을 주고 당시 미쓰비시중공업 사장이 이 작은 섬을 매입했다. 섬 둘레에 높이 10미터 안팎의 콘크리트 절벽을 둘렀다. 여섯 차례의 매립공사로 섬의 넓이를 확장했다. 그 모양이 일본 해군의 군함을 닮았다 해서 '군함도'라 불린다.

작은 섬을 매립해 막대한 투자를 한 이유는 석탄 때문이다. 가장 많은 석탄을 채굴했던 최전성기는 우리가 일제 강점기로 신음하던 바로 1941년이다. 제2차 세계대전 이후 탄광은 폐광되었다. 패전 후 일본은 하시마섬 원폭 피해를 조사하던 중에 강제 동원한 피해자에 관한 자료를 은닉, 소각했다.

2007년 '진상규명위원회'에서 놀라운 문서 하나를 발견했다. 일제 강점기시 강제 동원된 하시마섬 탄광 노동자 대부분은 바로 한국인이었다는 사실이다. 험하고 힘든 일에 배치되었던 이들은 언제 수몰될지 모르는 해저 탄광에서 목숨을 담보로 하루 12시간 이상의 중노동을 해야 했다. 대부분 영양실조와 원인 모를 질병에 시달렸다.

일본이 자랑하는 최초의 근대식 아파트는 군함도에 있다. 하시마섬 탄광 노동자와 관리자들을 위한 것이었다. 한국인 노동자들을 위한 시설은 창문에 널빤지를 달아 덮쳐오는 파도를 막아내는 방파제 역할을 했다. 탈출을 막고 효율적으로 관리하기 위한 집단 수용소였던 것이다. 몸이 아파 작업에 빠지면 심한 매질을 당해야 했다. 부상자는 무자비하게 총살시키거나 바다에 수장했다. 탈출자는 발각 즉시 사살했다. 간혹, 탈출에 성공한다 해도 높은 방파제에서 떨어지거나 거센 파도에 휩쓸려 사망했다.

당시 하시마섬 근처 나가사키 연안에서는 수많은 한국인 시체를 발견했다고 한다. 원폭 투하 후 탄광 징용자들은 방사능에 노출된 나가사키로 끌려가 폐허가 된 현장 뒤처리를 해야 했다. 해방 후에 일부는 귀향길에 올랐다. 하지만, 일본 정부는 현해탄에서 배를 침몰 시켜 군함도의 추악한 진실을 수장하려 했다.

군함도 곳곳에는 채 솜털도 가시지 않은 어린 노동자들의 한 맺힌 절규가 새겨져 있다. '어머니 보고 싶어', '배가 고파요', '고향에 가고 싶어요.' 가장 깊고 어두운 해저 탄광은 열 살을 갓 넘긴 어린 노동자들의 수용소였다. 햇볕 한 조각 쬐지 못하고 석탄을 캐야 했던 이들은 굶주림과 질병에 시달려야 했다. 그러나 그보다 더 큰 공포는 어머니를 다시는 볼 수 없을지 모른다는 두려움이었다. 이들의 절규가 아직도 군함도를 맴돌고 있는데 한국인이 선호하는 여름철 가족 휴양지라니.

2007년 8월 일본은 하시마섬의 유네스코 세계문화유산 등록 계획을 발표한다. 메이지 산업혁명의 유산이오, 일본 근대화의 상징이며 해저 탄광의 유적으로 소개한다. 다이쇼 시대로부터 쇼와 시대에 이르는 집합주택의 잔존물로 세계를 향해 홍보하며 자부심이 하늘을 찌를 기세다.

유네스코 세계문화유산에 군함도를 등재하며, 일부 양심 있는 의원회서는 군함도내 강제노역이 있었음을 명시한 세계유산 등재문을 채택했다. 하지만 외무상은 '강제노역을 인정한 것은 아니다.'라고 전면 부인하고 있다. 일본 정부는 강제 노역에 대한 피해배상조차 거부하고 있다. 수많은 한국인의 피로 물든 군함도를 통해 얻어질 황금 물고기를 놓칠까 봐 그들의 추악한 모습을 감추기에 급급하다.

자신만 벌거벗은 줄 모르는 임금님처럼 오욕(汚辱)과 수치(羞恥)를 온 세상을 향해 드러내고 있다. 세계를 향해 가두행진을 하고 있는 것이다. 허세와 거짓 앞에서 자신들의 이해득실을 헤아리며, 진실을 외면하는 구경꾼들이 있기에 가능한 일이다. 눈 가리고 귀 막은 이들에게는 '임금님은 벌거숭이'라는 어린아이의 외침이 들리지 않는가 보다.

우리는 각자 자신의 선 자리에서 뿌리를 내리고 삶을 꾸려가는 나무와 같다. 땅이 아무리 광활하다 해도 나 혼자 차지하겠다고 고집한다면 언젠가는 홀로 태풍을 맞을 것이다. 앞과 뒤 양옆으로 함께 자리 잡고 등을 기댈 때 숲이 될 수 있다. 양보와 협력으로 뿌리를 내려야 그 숲은 아름답다.

문화란 침략과 수탈의 양분으로 이루었든 착취와 폐허 속에 세웠든 인류의 가슴에 들어와 하나의 문명을 이룬다. 세계라는 큰 숲에서 뿌리내린 각각의 역사는 원치 않아도 서로의 뿌리가 엉켜야 공생한다. 뿌리가 눈에 보이지 않는다고 역사를 부인한다면 전 세계의 문명과 역사를 부인하는 것이 아닐까.

군함도 곳곳에는 어린 생명들의 피와 눈물이 스며있다. 일본 정부는 이제라도 양심의 눈을 크게 뜰 일이다. 진실의 입을 열일이다. 이해득실에 주판알을 튕기는 구경꾼들 역시 어린 영혼들의 울부짖음에 제발 귀를 열어야 할 일이다.

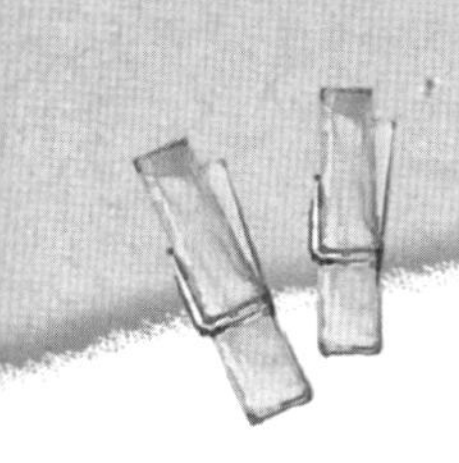

이용후생의 인문도시

당진시립도서관에서 인문학 강좌가 열렸다. 교육부와 한국연구재단 지원사업의 일환으로 진행되는 이번 당진 인문학 강좌를 시작으로, 당진은 향후 3년간 '이용후생의 인문도시 당진, 신북학파 인문나루'를 주제로 본격적인 인문도시 만들기 프로젝트에 돌입한다.

이번 프로그램을 통해 수강생들에게 당진의 역사와 문화자원 기반, 과거와 현재를 통해 미래를 이어주는 인문학을 접할 수 있는 체계적인 방안을 모색해 보는 시간이 주어진 것이다.

인문도시 지원 사업이란 대학에서 인문학을 연구해 그 결과를 시민들의 수준에 맞춰 시민들에게 돌려주는 사업을 말한다, 도시가 가지고 있는 인문자원의 유무에 따라 도시 공동체가 지니고 있는 인문적 성격을 회복하고 확산해 누릴 수 있도록, 지자체와 시민들 사이에서 대학이 징검다리 역할을 수행한다.

기대 반 설렘 반으로 모인 수강생들의 자기소개 시간으로 강의의 포문을 열었다. 당진에서 나고 자랐지만, 당진의 역사를 모르는 게 너무 많아 배우러 온 사람도 있고, 외지에서 이사 와서 살다 보니 당진의 역사가 궁금해서 왔다는 사람들, 친구 따라 온 사람들, 퇴직 후 무료함을 달래러 온 사람 등

각양각색의 남녀노소들이 인문도시 당진에 대한 관심과 애정을 드러냈다.

역시 인문학의 중심은 사람인 것 같다. 앞으로 10주, 길게는 3년을 함께 할 사람들인데, 자기소개도 하고 인사하는 사이 멀게만 느껴지는 인문학이 가깝게 느껴졌다.

이용후생이란 용어가 익숙지 않아 무슨 의미인지 알아보았다. 이용후생이란 기구(器具)를 편리(便利)하게 쓰고 먹을 것, 입을 것을 넉넉하게 하여 백성(百姓)의 생활(生活)을 나아지게 하는 것에서 나온 말로 풍요로운 경제와 행복한 의 · 식 · 주 생활을 뜻하는 용어이다.

이용(利用)은 장인(匠人)이 그릇을 만들고, 장사가 재물(財物)을 운반하는 것이고, 후생(厚生)은 옷을 입고 고기를 먹어 추위에 떨지 않고, 굶주리지 않는 것에서 유래됐다고 한다.

당진 이용후생의 역사 문화적 성격과 자산에 대한 강의가 이어졌다. 당진은 예로부터 해양지역의 특성상 국제교역의 거점도시로 활발한 교류가 이뤄지며 산업이 활발했던 곳이다. 한국 천주교의 메카 김대건 신부의 탄생지 솔뫼 성지와 당진동학, 승전목 전투, 면천읍성, 전국에서 유일한 한국도량형 박물관등 역사, 인물, 유적 등의 인문자산을 보유하고 있다.

또한 삽교천 유역의 비옥한 토질과 고도의 저수시설인 합덕제와 향상된 재배기술로 수리 농공업이 발달해 유구한 수리 역사문화와 수리박물관, 기지시 줄다리기 등 많은 수리산업유산을 보유하고 있다.

이용후생학파의 맥은 연암 박지원의 문학을 만나 커다란 강줄기가 된다, 면천 군수로 재직하는 동안 면양잡록을 집필하며 '재정을 튼튼히 하고 양식을 풍족히 하는 것이 교화의 근원이고, 이용후생의 도리로 깨우친 것은 곡식이 중요함을 생각한 것이라' 기록하고 있다. 그 강줄기가 이어져 암울했던 일제강점기에 심훈은 당진에 내려와 「상록수」를 집필해 계몽과 저항의 인문유산을 남기게 된다.

앞으로 인문도시 지원 사업은 3차 연도에 걸쳐 진행된다. 1차 연도사업은 '전통시대 당진의 이용후생의 역사'를 주제로, 2차 연도는 '근대 당진, 계몽과 저항의 이용후생'을 주제로, 3차 연도는 '미래 당진, 지속 가능한 이용후생의 메카'라는 주제로 프로젝트가 진행된다.

요즘은 옛날에 비하면 경제적으로 풍족해졌다고 하지만, 먹고살기 힘든 세상이라는 말이 심심치 않게 들린다. 여름에 면천에 갔다가 골정지에 연꽃들이 꽃망울을 터트리며 함초롬하게 피어있는 모습을 보았다. 골정지는 박지원이 당시 버려진 연못을 주변의 농경지에 물을 공급하기 위해 수축한 곳이다. 연못 중앙에 돌을 쌓아 작은 섬을 만들고, 육각형의 작은 초정을 세워 '하늘과 땅 사이의 한 초가지붕 정자'라는 뜻을 가진 '건곤일초정'이라는 현판을 걸어 놓았다. 정자에 앉아 진흙탕 속에서 욕심 없이 줄기를 비워내고는 고결한 모습으로 소박하게 피어있는 연꽃이 면천 군수 박지원 모습과 흡사해 마음을 주고 온 적이 있다.

인문도시 당진이 완성되기까지 탁상공론식 행정이 아닌 박지원의 '건곤일초정'처럼 하늘과 땅 사이에 하나의 초가지붕으로 족하다는 마음으로 이용후생이 이뤄져야 더 많은 서민들이 풍요로운 경제과 행복한 의 · 식 · 주 생활을 누릴 수 있으리라. 인문도시 프로젝트를 통해 그날이 성큼 다가오길 기대한다.

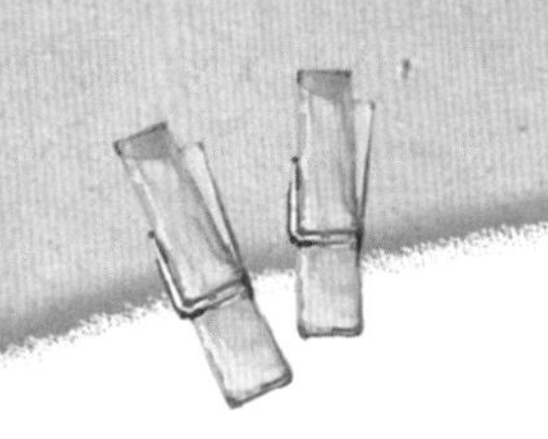

두리마을 작은 운동회

방학을 맞아 동아리 모임 손만세에서 아이들과 함께 두리마을을 찾았다.

"선생님 보고 싶었어요. 선생님도 나 보고 싶었죠?"

"선생님 나 잊어버리면 안 돼요. 나도 선생님 안 잊을 거예요."

교실에 들어서자 ○○씨가 봉사단원들의 양손을 번갈아 붙잡고 흔들며 놓아주지 않는다.

방학이면 아이들을 좋아하는 두리마을 친구들의 요청으로 아이들도 부모님과 함께 봉사활동을 한다. 두리마을은 지적 장애인이 거주하는 사회복지 시설로 장애인의 재활 의지 및 자립심을 고취시켜 사회 복귀를 실현하기 위해 직업교육도 함께 이뤄지고 있다. 추석이 얼마 남지 않아서 그런지 두리마을 분위기가 평소 보다 가라앉아 있다. 떨어져 있는 가족에 대한 그리움이 깊은 까닭이다.

손만세 회장님이 봉사에 참석한 회원들과 방학을 맞아 엄마와 함께 온 아이들에게 오늘 두리마을 친구들과 함께 하는 작은 운동회의 종목과 간단한 규칙들, 운동회 진행 시 주의사항들을 설명해 주었다.

손만세는 '손으로 만드는 아름다운 세상'의 줄임말로 당진 어울림여성회 회원 몇몇이 각자 지닌 재능을 나누고, 작품을 만들며 취미활동을 하던 모임이었다. 손으로 만드는 것을 좋아하고, 재능도 많다 보니 함께 수세미, 천연비누, 향수 등 작품을 만들어 이웃들과 나누며 느낀 나눔의 기쁨이 좋았다. 이런 기쁨을 다른 사람들과 함께 나누고 싶다는 마음이 봉사로 이어져 장장 7년째 꾸준히 봉사활동을 이어오고 있다.

처음 봉사활동에 참여한 아이들, 몇 년째 방학 때면 참석해 여유만만한 아이들. 집에서는 응석받이지만 오늘은 운동회 진행 서포터즈로 자원하며 한몫 톡톡히 하고 있다.

처음 참석한 회원들과 서먹서먹한 분위기를 풀기 위해 자기소개 시간도 갖고, 처음 봉사활동 나온 분들에게 장애인 시설의 특수성을 감안해 주의해야 할 행동들과 변수에 대처하는 방법 등 간단한 교육이 이어졌다.

두리마을 친구들과 자원봉사자들이 짝을 맞춰 노랑 팀과 파랑 팀으로 나눠 게임을 진행했다. 첫 번째 게임은 고리던지기다. 던지기만 하면 한 번에 쏙쏙 들어갈 것 같은데 자꾸만 엉뚱한 방향으로 튕겨져 나간다. 노랑 팀에 두리마을 ○○친구 초 집중력을 발휘해 한방에 두 개 모두 성공하며 1 : 2로 뒤지고 있던 경기를 무승부로 마쳤다.

경기 시작 전에 서먹서먹했던 분위기는 시나브로 사라지고 노랑 팀 선수들과 파랑 팀 선수들 팀원들끼리 똘똘 뭉쳐 우승하기 위한 협동 작전을 짜기도하며 승부욕을 불태우고 있다.

두 번째 경기는 남녀노소 누구나 좋아하는 추억의 과자 따먹기 게임. 줄에 매달린 과자를 손대지 않고 따먹어야 하는데 잘 할 수 있을까 걱정이다. 과자 따먹기 위해 아이들 집중력을 발휘해 보는데, 바람에 흔들리는 나뭇잎처럼 흔들~흔들 약을 올리며 바라보는 사람들이 더 애가 탄다. 두리마을 친구를 위해 도우미 회원이 과자를 살짝 잡아 입에 넣어주는 재치를 발휘해 주기도 하고, 줄을 살짝 흔들어 방해하기도 하며 희희낙락이다. 두리 친구들 게임이 끝나고도 계속 나와서 과자 따먹는 바람에 간신히 경기를 마쳐야 했다.

마지막 게임은 운동회의 하이라이트 줄다리기 경기를 진행했다. 게임 시작 전 호각이 울리기 전에 줄을 잡고 포즈를 취하는 노랑 팀과 파랑 팀의 신경전이 만만치 않다. 호각이 울리자 줄이 팽팽하다. 의여차~ 의여차~ 구호를 외치며 줄을 사이에 두고 서로 밀고 당긴다. 기지시 줄다리기의 '줄로 하나 되는 세상' 이란 캐치프레이즈처럼 밀고 당기는 사이 상대편을 받아들이기도 하고, 상대편 공간으로 스르르 밀려가기도 한다. 밀고 당기는 사이 시나브로 한 마음 한뜻으로 하나가 된다.

줄다리기 경기도 2 : 2로 무승부 사이좋게 승부를 나눠 가지며 오늘 두리마을 작은 운동회는 화기애애한 분위기로 마쳤다. 일 년에 두 번씩 있는 작은 운동회는 두리 친구들이 가장 좋아하는 수업이다. 작은 운동회를 하며 함께 눈을 마주하고 손을 잡아주며, 승부 근성도 발휘해 신나게 줄을 잡아당기는 사이 마음에 거리도 가까워진다.

운동회를 마치고 손만세 회장님이 준비해주신 아이스크림을 먹으며 두리 친구들과 이야기를 나누다 보니 벌써 헤어질 시간이다.

장마전선으로 먹구름이 드리운 날이지만 운동회를 하며 두리 친구들의 하하 호호 웃는 한바탕 웃음소리에 두리마을은 맑음이다.

제 2 부

조개껍질 꽃이되다

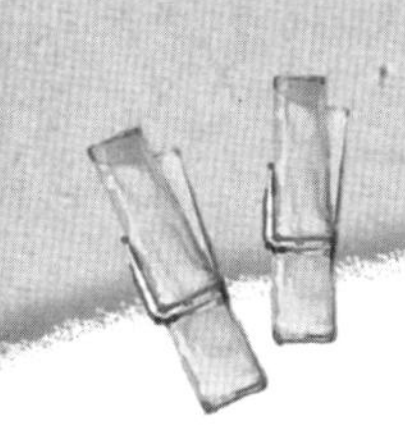

갤러리 풀빛

흘어가는 시간 속에 끊임없이 꽃들이 피고 지는 계절. 산천의 초목이 푸르름을 자랑하는 5월의 하늘빛이 눈이 시리도록 청신하다. 이 아름다운 계절에 당진 원도심 도시재생의 일환으로 조성된 문화예술의 거리 1호점으로 갤러리 '풀빛'을 개관했다. 이곳에서 이종호 작가의 개인전도 열린다고 해 한달음에 달려갔다.

이종호 작가의 갤러리 개관 소감을 들었다. 벚꽃이 흐드러지게 피고 앵두꽃이 순두부처럼 몽실몽실 피어나는 죽동리 화실에서 작가는 10년 넘게 작품을 구상하며 작업을 해 왔다 한다. 작업을 하다 보니 오후만 되면 마음이 외롭고 쓸쓸하니 심심해 읍내에 나가서 놀 장소가 없을까 생각하던 중, 놀 공간을 만들기 위해 물색하다 찾은 공간이 이곳이다. 때마침 당진 원도심 도시재생추진협의체 협의회장이 흔쾌히 장소를 제공해 주어 이곳에 갤러리를 개관할 수 있었다 한다.

김충완 협의회장은 도시재생도 자본을 투입해 옛것을 보존하는 것을 함께 병행해야 한다는 지론을 갖고 있었다. 여러 사례들을 확인하고 문화와 예술을 아는 사람들이 원도심에 들어와 문화예술 기반이 확립되었을 때, 원도심이 활성화되는 사례들을 많이 접했기에 흔쾌히 장소를 내어주었다 한다.

당진에서는 옛 터미널의 모습, 야당 인사들의 모임 장소였던 춘원다방, 양잠업이 성행했던 당시에 사용된 당진농협 창고 등 잊혀가고 있는 당진 원도심의 역사와 이곳을 기억하는 사람들의 추억을 되살리기 위해 도시재생 사업을 진행하고 있다.

특히 이 장소는 인근에 많은 학교가 위치해 있어 수많은 학생들이 오가는 곳이지만 청소년을 위한 문화 공간이 없다. 미래세대와 함께하는 원도심 활성화를 위해 지역주민, 상인들이 솔선수범해 이 장소가 갖고 있는 사회적, 문화적, 역사적인 것을 되살리기 위해 모두 힘을 모으고 있다.

당진에서 활발한 활동을 하고 있는 전문 작가들과 서울, 부산 등 전국의 수많은 작가들이 찾아와 개관식에 발 디딜 틈이 없다. 갤러리 풀빛에서는 전문예술가들의 작품을 전시하며 기꺼이 거리의 장사꾼이 되려고 한단다. 많은 전문작가들이 몇십 년 동안 뼈를 깎는 노고로 심혈을 기울여 창작하고 작품을 완성해도 수입으로 연결되지 않아, 작품 활동에 전념하지 못하고 생계를 위해 강사로 활동하거나 돈벌이하느라 예술의 맥이 끊기는 일이 많기 때문이다. 그래서 풀빛 갤러리를 통해 전문작가와 소비자와의 중간 역할을 해 작품을 판매하는 공간으로 만들 것이라고 한다.

피아니스트의 반주에 맞춰 김태선 바리토너의 뱃놀이란 축하곡으로 우렁찬 축하 무대가 펼쳐지며 흥을 돋우니 시나브로 어깨춤이 절로 난다. 개관 기념식이 끝나고 준비해주신 뷔페식 만찬을 먹으며 삼삼오오 모여 이종호 작가의 작품세계를 엿보는 시간을 가졌다.

작가는 당진에서 다양한 작품 활동을 해왔다. 황금 들판을 꿋꿋하게 지키는 돈키호테를 닮은 허수아비에 빠져 허수아비 그림을 그리기도 하고, 큰 바위 얼굴처럼 든든하게 길잡이가 되어주는 바위에 흠뻑 빠져 바위 그림을 그리기도 했다.

사계절 끊임없이 피고 지는 우리 꽃의 매력에 흠뻑 빠져 우리 꽃 그림을 그리기도 하고, 바람이 불 때면 가로수에 나뭇가지를 물어 나르며 알을 품기 위해 보금자리를 짓는 까치집을 그려 전시회를 열기도 했다. 어느 날 설풋한 풀잎을 가지고 작품을 만들다 한계를 느껴 나무껍질을 이용해 작품을 구상했는데 묘한 매력에 빠져들었다 한다.

이번 전시 작품의 특성은 다양한 나무껍질과 가지를 사용하여, 추상 형태나 구상 형태로 조형화하고, 바탕은 천자문의 천지현황에 착안해 검은 숯 안료와 누른 황토를 사용하고 있다. 세상을 구성하는 천지인 대신에 천지목으로 나무의 중요성을 강조하고, 그 외에 천연 염색과 천, 모시 등을 사용해 색과 질감의 조화를 강조하고 있다.

이종호 작가에게 Wood Skin Art 작품의 감상 팁을 들어봤다.

"버려지는 나무껍질의 색상은 비교적 단순하지만, 다양한 질감을 가지고 있어 무한한 가능성을 가지고 있는 좋은 소재입니다. 미술 공예 인테리어 등 여러 분야에서 관심을 가져볼 필요가 있다고 봅니다. 한지를 가지고 만든 Wood Skin Art의 특성은 틈과 새를 때로는 거칠게, 때론 섬세하게 메꿔줘 관객이 바라보는 시선에 따라 작품은 수없이 변화합니다. 마치 빛의 스펙트럼에 의해 다양한 색이 펼쳐지는 것처럼 오묘한 작품세계를 만날 수 있습니다."

감상 팁을 참고로 작품들을 감상했다. 옛날 어머니가 광목 위에 바느질을 해 수를 놓은 것처럼 섬세한 색감과 질감을 생동감 있게 고스란히 살려낸 소나무엔 바람서리에 불변하는 대한의 기상이 엿보인다. 작품을 감상하고 계시는 은발 부부의 뒷모습과 어우러져 솔향이 풍기는 듯하다.

나무에 화살 꼬리 날개와 같은 코르크 재질이 있어 비상을 꿈꾸는 화살

나무는 작가의 섬세한 손놀림에 민들레 갓털이 되어 그들만의 영토를 이루고 있다. 쓸모없이 버려지거나 불쏘시개로 쓰이던 나무껍질이 작가의 손을 만나 아름다운 작품으로 재탄생한 모습이 볼수록 정감이 간다.

흩어가는 삶 속에서 하고 싶은 일을 하며 살아가는 것이 가장 큰 행복이리라. 작가는 이루고 싶은 세 가지 꿈이 있다고 한다. 첫 번째 꿈은 오늘 이뤄졌고, 두 번째는 미술관을 건립하는 것이다. 세 번째는 작품이 1억 원 이상에 팔리는 것이라고. 그 희망 때문에 열심히 작품 활동을 하며 살았고, 앞으로 더 열심히 살 거란다. 풀빛 갤러리를 통해 지역의 문화예술 분야의 저변 확대를 위한 마중물 역할을 하며, 남은 두 가지를 이루고 싶다며 소회를 밝혔다.

갤러리 오른편 카페에서는 달달한 커피도 마실 수 있고, 아트 숍도 같이 운영하고 있다. 세계적인 명화 작가들과 국내 전문작가들의 작품을 상품과 접목해 선물용 아트상품(명화 탁상시계, 벽시계, USB 아트 램프 등) 명화 모조품을 찍어서 대량으로 유통해 시민들에게 친근하게 접할 있게 만들기 위한 문화 저변 확대를 위한 노력의 일환이라고 한다. 이 모든 작업들은 정당한 경로로 허가를 받았기에 충분한 소장 가치가 있는 작품들이다.

오늘 풀빛 갤러리 개관 현장에서 원도심에 피어난 전문 작가들의 염원이 담긴 오월의 높고 푸르른 꿈을 엿보았다.

옛 창고에서 피어난 문학

문학회 지인들과 자유공원에 올랐다. 바다와 인천역으로 이어지는 철로와 허름한 창고와 예술 공간들 옛 가옥들이 늘어선 전경이 어우러져 한눈에 펼쳐졌다. 마치 보물섬 지도처럼 문학으로의 여행을 부추기며 문학관으로 향하는 발걸음을 달뜨게 한다.

창고를 개조한 근대문학관은 세련된 첨단 건축물이 주는 웅장함 대신 고향 집에 온 것처럼 다정하고 아늑하게 느껴진다. 창고의 외벽과 내부의 목조 천장에 내려앉은 세월의 투박한 흔적들에서 문학의 향기가 아련하게 묻어난다.

문학관 주변 옛 창고들은 무명 예술가들의 갤러리와 작업장으로 쓰이며 꿈의 무대로 탈바꿈해 있다. 시대의 역풍을 고스란히 맞아야 했던 인천 개항장 일대는 근대문화가 살아 숨 쉬며 짭조름한 갯내음을 풍기고 있다. 포구에 드나들던 선박들의 뱃고동 소리와 철로를 달리는 기차들의 기적소리가 뒤엉켜 만들어낸 인천 사람들의 문화와 삶들이 근대와 현대를 아우르며 과거로의 시간 여행을 부추긴다.

한국 근대문학관에선 근대 계몽기에서 해방기까지 한국 근대문학의 역사를 한눈에 볼 수 있다. 상설전시실과 기획전시실 수장고와 사무실로 구성되었다. 1890년대 계몽기부터 1948년대 분단에 이르는 과정의 한국 근대문학의 역사를 만나볼 수 있다. 특히 전시장에서 눈에 띈 것은 학창 시절에 교과서로만 만나왔던 문인들의 얼굴을 벽 전체에 모아 놓은 곳이다. 별도의 앱을 다운로드하면, 소설가와 작품에 대한 설명을 들을 수 있어 근대문학사의 주요 사건과 시대상을 이해하기가 수월했다.

2층 체험공간에서 시대별 주요작가의 모습이 새겨진 스탬프를 찍으며 시간을 추억하는 우편엽서를 먼 훗날의 나에게 부쳐 봤다. 한국 최초의 국한문 혼용서인 유길준의『서유견문』초판, 염상섭의『만세전』초판 등 빛바랜 희귀본들에서 켜켜이 쌓인 문자 향의 기운이 배어 나오듯이 훗날의 내 삶에도 문학의 향기가 배여 있기를 바라는 마음을 담았다.

기획전시실에서는 국내에서 유일하게 한국 단편 문학 애니메이션을 만들고 있는 '연필로 명상하기' 스튜디오와 함께 준비되어 있었다. 단편 애니메이션 한 작품을 제작하는데 약 1년 6개월의 시간과 5만여 점의 작화가 모여야 완성된다고 한다. 애니메이터, 작가, 프로듀서, 음향감독 등 수많은 사람들이 함께 한 다섯 편의 단편 문학 애니메이션의 제작 과정과 작품 원화를 만났다. 소설 속의 문장들을 그림으로 상상하고 구성하는 과정을 통해 세대 간의 따뜻한 공감과 잊고 있었던 기억을 함께 나눌 수 있었기에 더 정겹게 마음속에 와닿는 추억이 묻어나는 전시였다.

짠 내 자욱한 거리를 걷다 붉은 벽돌로 지어진 창고 건물을 만났다. 이곳은 다양한 장르의 예술가에게 작업 공간을 제공하고 홍보 · 전시 등의 지원이 이뤄지는 문화공간이다. 인큐베이팅으로 새롭게 예술 창작이 활발히 이뤄지며 적막함이 감돌던 붉은 창고건물에선 칠월 한낮 태양보다 더 뜨거운 젊은 작가들의 비지땀으로 피어난 소금꽃이 활짝 피어난다.

아트 플랫폼 거리에 내려앉은 햇살 사이로 옛 물류창고의 투박한 세월의 흔적들이 고스란히 모습을 드러내며 현재를 살고 있는 우리들에게 손을 내밀고 있었다. 인기리에 방영되었던 '도깨비' 촬영지 앞에서 방문객들이 앞다퉈 인증 사진을 찍느라 분주하다. 과거와 현재의 삶이 배어있는 것들은 모두에게 행복을 선물하는가 보다. 공유를 만난 것보다 더 행복한 함박웃음을 쏟아내며 많은 사람들이 순식간에 '도깨비 거리'라는 새로운 문화를 만들어낸 것을 보니, 세련되고 큰 규모의 외국 박물관들이 천연덕스럽게 전시하고 있는 문화 수탈의 결과물들이 주는 웅장함을 어찌 빼앗겼던 들에 문학의 꽃을 피워낸 감동에 견줄 수 있으랴. 백 년의 시간을 훌쩍 넘어선 물류창고를 인문학적 관점의 문학관으로 조성한 인천시와 인천 문화재단의 큰 열정에 박수를 보낸다.

도시의 역사성과 장소적 특성을 최대한 살려 문화적으로 재활용하자는 시민들의 뜻과 인천시의 의지가 손을 맞잡았다. 아트 플랫폼을 중심으로 과거의 역사는 보존하되 현재 우리 삶과 결부 시켜 예술인들의 공간으로 어떻게 발돋움해 나갈지 기대된다. 개항항 일대를 거대한 스트리트 뮤지엄으로 확장해 나가고 있는 도시재생사업이 마냥 부럽기만 하다.

아트 플랫폼 거리를 따라 인근에 조성된 개항장 문화지구로 향했다. 자유공원 반대편 문화지구 골목길로 접어들자 일본풍의 아늑한 찻집이 눈에 띄었다. 당장 문을 열고 들어서면 옛 문인들이 시와 소설을 읊는 소리가 들릴 것만 같다. 삶의 부조리와 애환 속에서 새로운 민족 문학의 씨앗을 틔워낸 문학인들의 얼이 서린 리얼리즘과 모더니즘을 엿보는 뜻깊은 시간이었다.

집으로 돌아오는 차 안에서 심훈 선생의 상록수 정신이 떠올랐다. 백여 년 전 심훈 선생은 황무지 같던 한국문학의 밭을 일구셨다. 농촌계몽운동으로 빼앗긴 조국의 독립을 꿈꾸며 문화의 뿌리를 내리기 위해 온몸을 붓삼아 민족혼을 살리기 위해 한 알의 밀알이 되셨다. 문학의 열정이 넘치는 당진 문학인들도 심훈 선생의 상록수 정신을 되새기며 문학의 꽃을 피우는 중이다.

옛 창고를 복원해 문학의 향기를 피워내듯이 황무지를 일궈 밭을 만들듯이 내 삶의 터전을 문학으로 일궈 나가야겠다. '심훈상록수기념사업회'에서도 '그날이 오면' 영화를 제작하며, 상록수 정신을 되살린다고 하니 앞으로 당진이 문학의 새로운 메카로 자리매김할 것을 기대해 본다.

팔복예술공장

“소장님 마음이 어떠세요.”

“가슴이 뛴다.”

폐허가 된 팔복산업단지 공장 앞에 짙게 내린 어둠 속에서 그림자 둘이 나란히 서서 새롭게 펼쳐질 팔복예술공장 청사진을 그리기 시작한다.

1960년대 만들어진 팔복산업단지는 경제개발 5개년 계획에 발맞춰 주로 농업기반시설이나 경공업을 유치했다. 산업단지의 특성상 여공들이 많았다고 한다. 주시설은 섬유, 제지, 카세트테이프를 만들던 경공업이 발달했던 도시다. 지금도 문화연필 공장이 분필을 만들며 일부 가동되고 있다.

IMF 이후 산업이 쇠퇴하기 시작하며, 학교가 텅텅 비고 공단에서 벌어 먹고살던 사람들이 이주하며 시나브로 마을도 비고, 공단 주변에서 월세를 주던 쪽방들이 다 비어 회색 도시가 되었다. 공단 안에 공장들도 거의 다 비어 있어 현재는 주로 건설자재, 물건을 보관하는 창고 등으로 임대하고 있지만 급격하게 파도치는 4차 산업의 물결 속에 다른 산업이 들어올 것 같지는 않은 천덕꾸러기 공간이다.

전주시에서 빈 공장을 활용할 수 없을까 고민하던 중 많은 전문가를 초청해서 재생에 대한 것들을 공부하고 공유를 하기 시작했다. 이 빈 공간을 어떻게 할까라는 고민 속에서 지금 있는 북전주역 철길 주변을 정비하고 악취가 많이 나는 금악천을 정비하는 사업을 하고 있다. 공단을 살리기 위해 주차장을 만들고, 공원을 만들며 하천을 정비하기 위해 시에서 도시계획을 입안하고 매입을 하고 있다.

그 공간 안에 소렉스라는 공장이 포함됐다. 27년 동안 세상과 문을 닫았던 공간에서 쏟아진 쓰레기의 양이 덤프트럭으로 10트럭이 넘었다. 소렉스 공장을 문화공간으로 활용하자며 방향성을 제시를 하고 비전 수립을 하면서 공장을 활용할 신사업을 시작하며 팔복산업단지가 활기를 띠기 시작했다.

폐허가 된 공장을 어떻게 회복을 할 것인가 고민하던 중 예술을 생산하는 공장을 만들자는 아이디어가 모아졌다. 삶의 질에 가장 큰 영향을 주는 환경에 대한 정화과정을 통해 공동체를 회복을 해야 되겠다는 생각이 급선무였기 때문이라고 한다.

1년 동안 공간을 설계하지 않고 이 공간에 관련된 지역민들의 기억을 재생시키는 작업과 시민들의 참여를 유발하는 작업, 예술가를 통해서 그 공간을 다시 새롭게 읽어내는 작업을 한다.

물리적인 것은 맨 마지막이었다. 아무리 많은 투자를 해서 물리적인 재생을 해도 사람들이 찾지 않는 이유는 그곳을 찾는 이들의 기억과 추억이 빠진 공간에서는 공간에 대한 애정이 없기 때문이었다. 많은 사람들의 기억 속의 시간, 친구, 사건, 이야기가 살아있는 장소에서 소통의 장이 시나브로 만들어질 때 사람들이 모인다.

황순우 소장은 설계를 미루는 대신 사람들이 가지고 있는 기억 속 팔복산업단지의 모습을 찾아 나섰다. 이곳이 어떤 장소였고, 여기에서 어떤 일이 일어났는지 함께 기억하고 이야기하는 과정을 통해 장소적 맥락을 찾는 아카이브 작업이 선행되었다. 또한 주민과 전문가 등 분야별로 10~15명이 일주일에 한 번씩 이야기를 나누는 라운드 테이블(팔복살롱)을 진행하며 팔복예술공장을 어떻게 운영해 나갈 것인지, 이곳에 어떤 콘텐츠를 채울 것인지 함께 토론하고 인터뷰했다.

카세트테이프 공장은 문화 재생 사업을 거쳐 팔복예술공장으로 다시 태어났다. 런던의 테이트 모던 미술관을 롤 모델로 삼아 기존의 건물을 허물지 않고 녹슬고 색이 바랜 건물 외벽에 철골 구조물을 덧대는 선택을 했다. 곳곳에 놓인 테이블은 공장의 대형 철문을 잘라 만들어졌고, 공장의 상징이라 할 수 있는 굴뚝에 새겨진 '(주)소렉스'라는 글자는 지우지 않고 남겨두었다.

지역에 상황을 어떻게 해야 하는지 고민하던 중, 지역민들을 모아놓고 강연하는 자리에서 '지역은 지역의 생각이 있는 거여 지역의 생각대로 해'라는 지역민의 말에 그때부터 지역의 생각이 뭘까 고민을 하며 한 작업이 '주민들과 함께'였다.

처음 사업을 시작할 때 주민들이 일자리 창출을 요구했다. 처음엔 세탁장을 만들어 달라고 했으나 이곳의 취지와 맞지 않아서 '써니'라는 커피숍을 만들어주고 운영을 하는데, 마을기업으로 몇 년 안에 독립을 하는 조건이라고 한다.

현재 열 분 정도가 열심히 일을 하고 계시고, 2단지가 들어오면 다섯 분 정도가 더 채용될 예정이라고 한다. 카페도 마을에서 직접 시설을 관리하고 운영하고 있다. 그래서 초기에 반대하셨던 분들이 지금은 본인들이 주변 공터에 지저분한 쓰레기를 치워주면 다시는 쓰레기를 버리지 않도록 꽃밭을 만들도록 하겠다고 해서 올 8월에 코스모스 꽃씨를 뿌려 꽃밭을 만들기도 했다.

커피숍에는 3~40대 층의 자녀를 둔 분들이 많이 온다. 왜냐하면 전주에서 갈 곳이 없기 때문이다. 애들이 맘껏 놀 수 있는 공간이 생기자 시나브로 부모들이 와서 편안하게 커피를 마시는 공간으로 바뀌며 커피가 엄청나게 팔리고 있다고 한다.

카페 안에는 버려진 공장 철문을 재활용해 벽면을 만들어 그림책을 전시해 놓고 있다. 이곳에 20대의 데이트족들이 많이 오는데 대부분 여자 친구를 쫓아서 온다. 사업 초기에 10만 원, 20만 원짜리 그림을 팔았었는데, 안 팔려서 그림을 치우고 만원에서 5만 원짜리 수준이 높은 그림책으로 다 바꿨다. 현재 150종류가 있는데 앞으로 500종류까지 늘린다고 한다. 재밌는 것은 만 원짜리는 잘 안 팔리고, 2~3만 원짜리 그림책이 불티나게 팔리고 있다 한다.

또 한 가지는 만 원짜리 패키지 미술도구를 준비를 해서 팔려고 준비하고 있다. 올해까지는 공짜로 크레용을 갖다가 온 벽에다 낙서를 하는 공간을 마련했지만, 내년부터는 다 돈을 받고 미술도구를 준다고 한다. 지역에서 민간과 공공 간의 대립을 피하기 위해 전주 화방에 없는 그런 물건만 다 조사를 한 후, 아주 좋은 미술도구들을 주고 만원의 체험비를 받기 때문에 그 돈이 아깝지 않다고 한다. 미술도구는 당연히 집으로 가지고 갈 수 있다고 한다.

카페 안에 가장 큰 인형이 '써니' 목각인형이라고 한다. 배병희 작가의 작품으로 이곳에서 일하던 여공들을 형상화한 작품이라고 한다. 나무에 투박하고 소박한 느낌을 잘 살려 옆집 언니처럼 친근하게 느껴지는 작품이다.

카페에 테이블도 버려진 카세트테이프와 폐자재를 재활용해서 만들었다. 테이블에서 차 한 잔 마시다 보면 급격한 4차 산업으로 과부하가 걸려 망가진 테이프와 같이 현재와 과거의 연결고리들이 도시재생이란 프로젝트를 통해 하나하나 살아나는 모습이 기대된다.

녹슨 철판의 녹을 벗겨내 예술작품으로 카페 벽면을 장식한 모습을 보고 있자니, 20년 넘게 살림만 하던 내 삶도 멋지게 변해 본연의 내 모습을 찾을 수 있겠구나 싶다.

카페 창문 밖에 무너져 내릴 것 같은 야트막한 벽돌담을 담쟁이가 타고 올라가 꽉 잡아주고 있다. 천장의 환풍구 배관과 철 구조물도 그대로 살려 운치를 더했고, 버려져 있던 등도 재활용해 카페에서 활용되고 있다.

황순우 소장의 강의가 진행된 카세트테이프 생산라인으로 쓰이던 공간은 유난히 창문이 높다. 작업 중 딴생각하며 창밖을 쳐다보지 말고, 열심히 일하라고 높게 달았다고 한다. 천장의 환풍구와 배관을 그대로 살려 리모델링한 모습들과 400여 명이 쓰던 화장실엔 달랑 4개의 변기가 있었다. 전시처럼 일을 했고, 화장실도 전쟁처럼 이용했을 여공들의 모습이 오버랩 된다. 그 시절에 맘 놓고 볼일도 제대로 못 보던 화장실이었기에 이곳만은 헐지 말고 살려놓자고 해서 원형 그대로 보존해 놓았다고 한다. 변기 안에는 카세트테이프 필름들이 공장 직공들이 풀어 놓지 못한 아픔과 언어들이 필름에 새겨진 노랫말처럼 뒤엉켜 쌓여 있었다.

이곳에서는 프랑스 작가 1명과 한국 작가 11명. 총 12명의 작가들이 팔복예술공장에서 1년 동안 머물면서 작업을 하고, 작품도 릴레이로 전시도 하고 있다. 작품 전시나 활동 일체를 지원하는 레지던시 사업이다. 혹자는 왜 우리 돈을 들여 70%의 외지인들에게 돈을 투자하느냐 반문하는 이도 있지만, 다양한 예술가들이 와서 활동할 때 지역의 아이들에게 질 좋은 영향력을 많이 주기 때문에 이런 레지던시 사업을 한다고 한다.

지역 문화예술계의 척박한 여건으로 인해 아트마켓 진입이 어려운 지역

작가들에게 전시 기회와 작품 마케팅의 기회를 제공하고, 시민과 관광객들에게는 미술관의 문턱을 낮춰 예술 작품들을 일상의 생활공간에서 쉽게 접할 수 있도록 이동형 갤러리 꽃심도 운영하고 있다.

공사장에 버려진 철사들을 주워다가 작품을 만들고, 버려진 컨테이너 박스로 A동과 B동 전시관을 연결하는 이동로로 사용하고 있다. 허물어진 공장 벽도 허물지 않고 작품으로 승화시켜 놓았다. 지붕을 걷어내고 구조물을 그대로 살려 햇볕과 바람의 방향에 따라 작품 속에 또 다른 작품이 만들어지고 있는 팔복예술공장은 창조와 창작의 공간이었다.

The First Monkey는 써니를 조각한 배병희 작가의 작품으로 공중전화박스는 KT에서 얻어 온 것이라고 한다. 소렉스 공장이 기능을 다 해 버려진 공중전화박스 같지만, 공중전화박스 안에서 선글라스를 끼고 스마트폰을 하고 있는 어린 여자 원숭이의 모습이 이질적이며, 정감이 묻어나는 풍경을 연출한다. 소렉스 공장이 기능을 다 해 공중전화박스처럼 버려졌지만, 그 안에서 늘 새로운 것을 호기심 어린 시선으로 편견을 깨고 받아들이고자 하는 팔복예술공장의 모습과 흡사하다. 팔복예술공장이 전주지역에서 어떤 역할을 해야 하는지 방향을 제시해 주고 있는 모습과 부합되어 공장 입구에 설치했다고 한다.

스러져가는 공간에서 우리네 삶을 문화와 예술로 풀어내며 과거로부터 새로운 도시 생태계를 만들어가는 팔복예술공장의 지역민과 함께하는 창조의 힘은 어디까지일까. 앞으로의 행보가 기대된다.

규암리 자온길을 걷다

어르신 문화예술직조 동아리팀의 견문과 소양을 넓히기 위한 부여 자온길 탐방에 함께 동행 하자는 연락을 받고 한달음에 문화원으로 향했다.

한 시간 넘게 버스를 타고 부여에 도착해 자온길을 걷노라니 학창 시절에 교복 입고 읍내 길을 걷는 기분이다. 오랜 세월의 흔적들이 거리와 건물들 사이사이 골목길에 켜켜이 쌓여 있다. 이 풍경이 마치 30여 년 전의 시간 속으로 돌아간 것 같아 시나브로 센티멘털 감성의 추억 속에 빠져들었다. 자온이란 말처럼 마음이 '스스로 따뜻해지는 것'이 치유의 공간으로 훌쩍 시간여행을 온 것만 같다.

규암면은 수운 교통의 요충지로 큰 마을을 이루며, 백제의 수도 부여와 함께 최전성기를 누리던 곳이다. 급속한 경제성장과 함께 규암마을의 역사와 명성은 80년대 흑백사진처럼 빛을 잃고 아련하게 골방에 켜켜이 쌓여있었다. 이러한 풍경이 자온길 프로젝트를 만나 규암마을 골목길에 새 바람이 불고 있다. 골목골목마다 오래된 마을을 살리려 숨바꼭질하듯이 찾아든 젊은 예술가들이 새록새록 둥지를 튼 까닭이다.

자온프로젝트를 기획하고 이끄는 박경아 대표는 부여전통문화대학에서 미술공예를 전공한 뒤 서울 삼청동, 인사동, 파주 헤이리 등에서 13년째 작가들과 전통공예 살림살이를 선보이는 숍을 운영하고 있다. 하지만 높은 임대료에 여기저기로 내몰리다 보니, 다른 작가들과 함께 작업에 집중하며 대중과의 교류할 수 있는 공간을 갖는 게 자그마한 소망이었다 한다. 문득 기억 저편에 숨어있던 장소가 떠올랐다. 대학 시절 민속조사를 위해 찾아갔던 규암마을이었다.

한옥과 적산가옥, 유서 깊은 건축물들이 지금까지 고스란히 남아 있어 7~80년대 드라마 세트장처럼, 박 대표와 다른 작가들의 꿈을 펼칠 수 있는 꿈의 무대로서 안성맞춤이었기 때문이다.

정갈한 촌부의 모습으로 반갑게 맞아 주시는 이진향 작가가 일행을 책방 세간으로 안내했다. 책방 세간은 '세상을 담는 그릇'과 '책과 사람, 사람과 사람을 잇는다.'는 마음을 담아 만든 공간이다. 80년 된 담배 가게를 리모델링하여 책방과 카페를 만들어 사람들을 맞이하고 있다. 달달한 커피와 음료, 책들이 즐비한 풍경에 동화되어 이진향 작가의 자온길 이야기를 듣노라니 학창 시절 읍내에 나가서 찾았던 책방에 온 느낌처럼 편안했다.

이진향 작가의 안내를 받아 자온길을 걷다 보니 2층짜리 건물이 보였다. 참 예쁜 건물이다 생각하고 있는데, 이 건물은 해상길이 요충지였던 규암마을의 전성기에 호텔로 쓰이던 건물이라고 한다. 그 옆에는 공사하다 중단된 건물이 있었는데, 이 건물은 자온 프로젝트 작가들의 작업 공간으로 사용하려고 매입했다고 한다.

자온길을 만드는 프로젝트는 또 다른 도전이자 꿈이었다. 막연한 바람으로 시작한 꿈이 현실이 되기까지 뜻이 통하는 투자자들을 만나 맘속에 품었던 꿈의 씨앗을 틔웠다. 도시재생 사업에서 항상 걸림돌이 되는 젠트리피케이션을 예방하기 위해 임대하지 않고 시간이 걸리더라도 매입해 사업을 추진했다.

약 2년에 걸쳐 세월의 풍파가 고스란히 담겨있는 16채의 근대식 건축물들을 매입하며 자온길에 켜켜이 쌓여 숨죽이고 있던 따뜻한 추억과 역사를 되살려내는 작업을 시작했다.

국밥을 팔던 낡은 주막은 천연염색 공방 쇼룸으로 변신했다. 작가가 손수 만든 개량식 한복과 소품들이 즐비하다. 어렸을 적에 자투리 천에 솜을 넣고, 할머니가 손바느질로 누벼 만들던 베갯잇과 작은 인형들, 엄마가 사용하시던 가정용 재봉틀 등 수많은 소품들을 자온길에서 만났다. 특히 재봉틀은 집안에 보물 1호로 광목천에 수를 놓아 소중하게 보관해 놓았었다. 명절날이 가까워 오면 재봉틀을 꺼내 자투리 천이나 헌 옷이 금세 새 옷으로 바뀌곤 했었다. 쇼룸에서는 세간과 함께하는 여러 작가들의 다양한 공예품들이 판매되고 있다.

옛 우체국에서는 커피숍으로 리모델링이 한창이다. 수많은 사람들을 맞이하고 보내던 대문으로 쓰이던 나무를 결과 옹이를 되살려내고, 바람이 드나들던 틈새를 살려내며 깨끗이 닦고, 칠하고, 손질해 회의용 탁자로 변신 중이다.

자온길을 찾는 여행객을 위한 민박집으로 단장한 백년한옥 마당에는 어릴 적 외갓집에서 보던 우물이 자리 잡고 있다. 한옥집 안으로 들어서니, 백 년의 세월 동안 수많은 사람들의 정기가 배여 있는 마루는 고혹한 빛과 시간을 품고, 시간의 징검다리처럼 길을 내어주었다. 방에 들어서니 벽장에는 손님맞이 이불이 가지런히 개어 있다. 부엌과 방 사이 벽을 뚫어 만든 쪽문도 무심한 듯 담담히 자리해 있다. 늘 많은 식구를 먹이기 위해 손 마를 날 없이 힘들게 일해야 했던 어머니를 위한 아버지의 마음처럼. 다락방의 서까래를 고스란히 살려낸 모습 또한 한껏 운치를 더한 쉼의 공간이다.

백년한옥 옆에서는 '매화나무에 물 주거라'라는 이름의 한식집이 한참 리모델링 중이다. 퇴계 이황 선생의 마지막 유언 '매화나무에 물 주거라'에서 빌려온 이름이다. 한식집 옆 백 년 된 매화나무는 해마다 매실 열매를 넉넉하게 내어 줘 식재료로 유용하게 쓰이고 있다. 오래된 건물의 벽면 또한 거친 느낌을 그대로 살려 유화 물감을 투박하게 덧칠해 놓은 것처럼 세련미를 더해 운치 있는 한식집으로 변신 중이다. 여성을 형상화한 구조물과 헛간으로 쓰이던 공간에 설치된 욕조로 공간들을 고스란히 살려낸 모습들, 버려진 자개장 문짝을 화장실 문으로 재활용한 모습들 또한, 우리들의 편리에 의해 버려졌던 것들을 고스란히 전통미를 살려 예술이란 이름으로 살려냈다. 요정이었던 수월옥과 옆의 주막은 박현희 디자이너의 손을 통해 소곡주 전문점과 찻집으로 변신 준비 중이다.

4월에 문을 연 천연염색 공방 '웃-집'은 '집 위에 집을 얹는다.'는 의미로 자온길 프로젝트의 첫 번째 결과물이라 한다. 리노베이션을 진행한 박현희 작가가 최대한 원형을 살려 간단하게 진행하려 했으나, 막상 철거 작업에 들어가니 제멋대로 뻗은 벽체와 아슬아슬하게 지붕을 받치고 있는 구조재가 불안하면서도 애틋한 감동으로 다가왔다 한다. 웃집 안쪽에는 두 개의 방이 자리하고 있으며, 계단 위 다락을 천이나 소품 자재를 넣어두는 보물창고로 사용하고 있다.

자온프로젝트는 가을까지 16채의 건물 재생프로젝트를 완료하고, 3년간 추가 확장할 계획이라 한다. 스러져가던 마을과 소통하며 생기를 불어넣고 온기를 채워 넣는 쉽지 않은 길을 걷는 이들이 있기에, 백제의 마지막 수도였던 부여의 불씨는 꺼지지 않고, 백 년 된 매실나무처럼 찬란한 문화의 꽃을 활짝 피우고 있다.

조개껍질 꽃이 되다

어릴 적 안방엔 자개장롱이 있었다. 까만 바탕에 소나무와 학이 새겨져 있고, 모란꽃과 사슴이 새겨져 있는 신비한 농이었다. 한겨울 밤에 자다가 깨곤 할 때면 창호지 사이로 비추는 은은한 달빛을 받아 모란꽃이 살포시 피어나 고혹한 빛을 내곤 했다. 한여름 꼬리가 긴 햇볕이 방안 깊숙이 머물다 갈 때면 숨죽이고 있던 자개 문양들이 오색영롱한 빛을 자아내며 빛의 판타지를 연출하곤 했다.

방송에서 고려 나전경함을 봤다. 꽃잎을 수놓은 자개 조각들이 천연색으로 빛났다. 출연자들이 나무상자에 피어난 수백 송이 모란꽃에 흠뻑 빠져 감탄을 쏟아내고 있다. 옻칠한 나무상자에는 화려하고 풍염한 모란당초무늬가 위풍당당한 모습으로 피어있다. 넝쿨줄기와 무늬 사이의 경계에 은, 동, 주석으로 선을 장식한 세밀함이 뛰어나 가히 귀한 국보급 보물이었다.

화려함의 격조가 빼어난 나전칠기 작품을 보는 순간 탄성이 저절로 나왔다. 반딧불이 빛처럼 은은한 색채로 신비로움을 더하기도 하고 영롱함과 오묘함으로 시선을 사로잡았다. 하늘과 땅 바다가 빚어낸 사계절 스펙트럼을 덧입은 조개껍질과 전복껍질의 색이 시간과 빛의 각도에 따라 고색창연한 빛을 발하고 있다. 봄, 여름, 가을, 겨울의 빛을 머금은 옻칠 또한 시간의 흐름에 초연한 듯, 때로는 차가운 빛을 때론 따뜻한 빛을 발하고 있다.

현존하는 고려 나전경함의 수는 전 세계에 단 9점뿐이라 한다. 수십억 원을 호가하는 나전경함은 민족의 수난사와 맥을 함께했다. 일제강점기에 약탈당한 것으로 보이는 고려 경함 9점 중 5점이 일본에 있다. 나머지 세 점 또한 일본을 통해 영국, 미국, 네덜란드 등지로 반출되었다.

나전칠기는 당나라 때 우리나라에 전해졌다. 삼국시대부터 나전칠기가 제작되기 시작해, 고려시대에 이르러서는 독자적인 양식을 이룩했다. 조선시대에는 생활용품과 나전칠기가 만나 삶 속에 자리했다.

어릴 적에만 해도 혼수 품목 1위는 자개장이었다. 주거환경이 바뀌면서 집집마다 있던 자개장들은 처지 곤란한 물건이 되어 동네 공터에 버려지던 것이 현실이다. 전통의 소중함을 잊어버리고 편리함을 좇아 사는 우리와 달리 나전칠기와 옻칠기법을 전수받기 위한 세계인들이 움직임이 심상치 않다.

빌 게이츠는 나전 명인의 작품 전시회에서 나전의 아름다움에 반해 1억 원 상당의 자개 문양을 새겨 넣은 가정용 게임기를 만들어 가까운 사람들에게 선물을 했다. 스티브 잡스 또한 나전 장식의 휴대전화 케이스를 주문해 갔다. BMW에선 신차를 출시하며 나전으로 실내장식을 한다. 샤넬 또한 나전을 모티브로 세련된 패션쇼를 선보이며, 각계각층의 세계인들의 나전에 대한 무한 사랑의 행보를 이어가고 있다.

주거환경의 변화 속에 다른 집기들과의 부조화를 이루는 검은색 일변의 전통 자개장이 외면받았던 것이 현실이다. 김영준 명인은 전통 예술로만 치부하고 서민들의 삶 속에서 멀어져 가던 나전칠기를 새롭게 재구성해 현대화시키는 데 앞장서고 있다. 김치냉장고, 휴대폰, 화장품 최고급 케이스,

호텔 욕실, 유람선, 요트, 항공기 일등석 등 다양한 분야에 나전칠기를 접목해 활용하고 있다.

2014년 프란치스코 교황이 명동성당 미사를 집전했을 때 사용한 의자에도 로마교황청의 주문에 의해 전통 옻칠과 자개 장식을 달아 만들었다. 한지에 옻칠하고 삼각형 조개껍데기를 적절히 배치해 꽃과 벌레들의 생명력을 담은 '초충도'와 불특정 자개 조각들을 2~3㎜의 끊음질기법으로 만든 나전 회화 작품 회화만큼의 다양한 색깔의 벽걸이 장식과 상감기법의 항아리 장식까지 모두 색을 입힌 여러 종류의 조개껍질로 기존과는 전혀 다른 색감을 선보이고 있다. 전통예술과 현대예술의 만남으로 실생활에서 멀게 느껴지던 고유한 문화가 새로운 매력으로 무궁무진한 가능성으로 세계 속에 뻗어 나가고 있다.

전통기법은 하루아침에 만들어지는 것이 아니다. 스스로 빛을 낼 수 없지만 태양 빛을 온몸으로 승화시켜 빛을 반사하는 달처럼. 스스로 빛을 끌어내 빛을 전하는 별처럼. 전통기법은 신성한 우주에 숨결이 달빛, 별빛을 만나 장인의 손길을 만나 문화 예술로 태어난 것은 아닐까. 수천 년을 이어온 전통 기법을 우리의 편리에 의해 외면하고 소홀히 한다면 선조들이 피와 땀이 서린 수천 년의 문화유산을 또다시 잃어버릴지도 모르는 일이다.

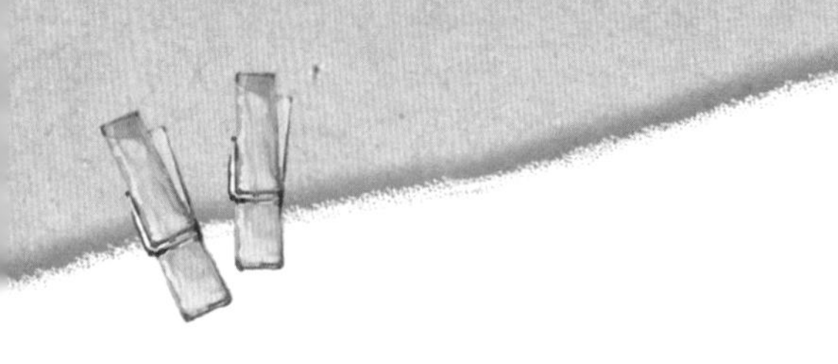

문화의 힘, 청소년 문학상

겨울로 가는 길목 한국문인협회 당진지부로 활동하고 있는 『당진문학』에서 뜻깊은 문학행사를 진행한다는 소식을 듣고 시립도서관으로 향했다. 1년 동안 회원들이 뼈를 깎는 노고로 완성한 작품들을 모아 출간하며, 당진 청소년들의 문예 창작 의욕을 고취시켜 문학적 역량을 지속 시켜 나갈 수 있는 계기를 마련하기 위해 청소년 문학상을 시상한다는 소식이다.

밀레니엄 시대의 개막으로 전 세계가 열풍에 휩싸였던 2000년, 당진의 등단 작가들이 모여 큰일을 벌인다. 문학의 불모지 당진에 문학의 큰바람을 일으키겠다며, 10여 명의 문인들이 뜻을 모아 한국문인협회의 승인을 받아 당진지부로 『당진문학』을 창립했다, 지금은 35명의 등단 작가들이 당진문학의 발전을 위해 왕성한 활동을 하고 있다.

문화재단에서 주관하는 올해의 문학인과 이 시대의 문학인에 당진문학에서 활동하는 다수의 문인들이 해마다 선정되어 작품집을 출간하며 왕성한 작품 활동을 하고 있다. 또한 한국문인협회 책 경연대회에서 우수상을 받을 만큼 꾸준한 성장을 하고 있는 문학단체이다.

『당진문학』에서는 해마다 작품집 출간 일에 맞춰 미래세대 문학인 양성을 위해 청소년 문학상 시상식을 함께 하고 있다. 입시 위주의 교육으로 청소년 문학의 기반이 열악한 환경 속에 살고 있는 이 시대 청소년들이 문학의 영감을 꽃피울 수 있도록 불철주야 힘쓰고 있다. 당진문학 회원들 모두 오롯이 청소년 문학의 위상을 높이고 독려하기 위한 일념으로 허리띠를 졸라매 가며 매년 청소년 문학상 상금도 지급하고 있다 한다.

올해는 '가장 좋은 가장'이란 작품으로 조은지 학생이 대상을 받았다. 선생님의 권유로 작품을 쓰게 됐다는 은지 학생은 무엇을 쓸까, 고민하던 중 아버지 이야기를 썼다고 한다.

이은지 학생은 칠삭둥이라 몸이 약해, 바쁘신 부모님과 떨어져 어린 시절 외할머니와 산적이 있어 부모님과의 관계에서 힘든 부분이 있었다고 한다. 하지만 아버지의 역지사지의 정신과 감사하는 삶에 대한 가르침을 받아, 감사하는 삶을 살다 보니 감사일기로 금상도 받는다. 글쓰기를 통해 전에는 모르고 지냈던 가족의 사랑도 깨달았다 한다.

당진 청소년문학상은 오롯이 감수성이 예민한 시기의 청소년들 속에 잠재해 있는 문학 감수성을 찾아주기 위한 일념으로 만들었다. 아울러 청소년 문학의 저변 확대를 위해 매년 당진지역 청소년 문학인들을 양성하며 당진 문학의 길라잡이 역할을 하고 있다.

올해는 6월부터 3개월 동안 당진 중고생들에게 신문광고와 각 학교에 공문 발송을 통해 원고를 받았다고 한다. 170여 편의 응모 작품 중 25명이 수상의 영광을 차지했다. 심훈문학관에서 상록문화제 학생백일장을 주관하기도 하는 등 당진문학은 청소년 문학인의 발굴을 위해 힘쓰고 있다.

당진예술제 기간에는 도자기와 시의 만남을 주제로 문예의 전당 전시관에서 시화전을 개최하였다. 또한 부스를 설치해 각 문학단체에서 발간한 책을 시민들에게 나눠주며 지역민들의 문화 저변 확대를 위해 힘쓰고 있다.

예로부터 당진은 심훈 선생, 송익필 선생, 윤곤강 선생, 박지원 선생 등 훌륭한 문학인들의 발자취가 배어 있는 저력 있는 문학의 도시이다. 옛 선인들의 문학의 향기를 이어가며 당진시가 문화의 도시로 거듭나는데 길라잡이 역할을 하고 있는 당진문학이 있어 행복한 시간이었다.

집으로 돌아오는 길에 당진의 문화의 무게는 얼마나 될까 가늠해 보았다. 김구 선생은 일제강점기와 한국전쟁 등으로 혼란했던 시기에 우리나라가 세계에서 가장 아름다운 나라가 되기를 원했다. 그 중심에 문화가 있었다.

"나는 우리나라가 세계에서 가장 아름다운 나라가 되기를 원한다. 가장 부강한 나라가 되기를 원하는 것은 아니다. 내가 남의 침략에 가슴이 아팠으니 내 나라가 남의 나라를 침략하는 것을 원치 아니한다. 우리의 부력(富力)은 우리의 생활을 풍족히 할 만하고, 우리의 강력(强力)은 남의 침략을 막을 만하면 족하다. 오직 한없이 갖고 싶은 것은 높은 문화의 힘이다."

남산도서관에서 당진 문학인들과 청소년 문학인들의 아름다운 행보를 지켜보며 김구 선생이 한없이 갖고 싶어 하던 높은 문화의 힘을 보았다. 머지않은 시일에 당진문학의 기대에 부응하며, 오늘 만난 청소년들의 노벨문학상 수상 소식이 들려올 것 같은 기분 좋은 예감이다.

사람과 문학의 하모니

당진 문화예술학교 1층 대회의실에서 나루문학 38집과 당진수필 3집 출판기념식과 나루문학상 시상식이 있었다. 나루문학은 1980년 10월 7일 창립한 당진문학의 근간이 되는 문학회이다. 40여 년 동안 수많은 작가를 배출했으며, 당진의 여러 문학회의 근간이 되는 문학회이다. 『당진수필』은 창간 3년 차의 새내기 단체로 2015년 당진문화예술학교 수강생들이 모여 수필의 저변 확대를 위해 창간한 후 왕성한 활동을 하고 있다.

색소포니스트가 연주하는 '옛 시인의 노래', 'Loving You' 등 잔잔한 곡에 모두들 센티멘털 감성에 빠져 문학의 밤이 깊어간다.

당진수필 회장과 나루문학 회장이 서로 마주 보고 손을 맞잡으며 "혼자 팔을 벌려 품을 재면 너무 작지만 이렇게 손을 잡으니 몇 배로 품이 늘어났다."며 각 문학단체 회원들과 하객 모두가 마음을 합해 품을 넓혀 나가 문학의 발전을 위해 힘써 주심에 감사한 마음을 전했다. 당진문학의 현시대 상황과 배경은 미약하지만, 후대에는 창대해져 지금 이 모습과 마음들이 합쳐져 소중한 추억과 밑거름이 되리라.

그동안 문학인들이 맘껏 창작도 하고 토론도 할 수 있는 공간이 부족해 문학 활동하는 데 어려움이 있었다. 문화원장님께서 문학인들이 사상이나 감정을 표현하는데 환경에 구애받지 않고 활동할 수 있는 활동 무대를 내어 준다 하니 당진문학인들의 행보는 맑음이다. 더불어 당진문학의 발자취를 후대에 전할 수 있도록 자료실에 당진 문학인들의 작품집을 전시할 수 있는 전시공간을 만들어 당진시민들 곁에 문화가 함께 할 수 있도록 힘써 준다고 하니 천군만마를 얻은 것 같다.

당진예총 지회장은 "문학의 길은 외롭고 힘든 고독의 길이지만, 사람들이 그 길을 가고자 하는 것은 진정한 자아를 찾고 살고자 하는 바람 때문이다. 앞만 보고 걷는 사람은 뒤가 보이지 않듯이 문학인들도 가끔은 옆도 돌아보고 뒤도 돌아보는 삶을 살며 지역 문학 발전에 기여할 때 문학의 저변 확대가 이루어질 것이다. 오늘 이 자리를 통해 모두 앞과 뒤, 옆을 바라보며 한 템포 '쉼표'의 묘미를 누릴 줄 아는 분들인 것 같다"며 격려의 말을 전했다.

신유하 시낭송가가 소설 『해리』에 실린 시 「눈빛 사랑」을 낭랑한 음성으로 낭송해 주며 나루문학상 수상식이 이어졌다.

산문 부문 심사를 맡은 박종규 소설가는 이지은의 「소리 없는 수다」는 제목과 첫 문장에서 독자의 궁금증을 유발하며, 글을 계속 읽게 만드는 힘이 있는 작품으로 무난한 구성과 재기발랄한 어휘가 눈에 뛰어나 우수상으로 선정했다 한다.

운문 부문 심사를 맡은 이송자 시인은 자신의 목소리를 작게 내고, 사물의 낮은 속삭임에 귀 기울일 수 있어야 사물이 내는 소리를 들을 수 있다며 저물어가는 생명의 마지막 길에 외로움과 쓸쓸함을 시로 담담하게 풀어낸 박정화 씨의 작품 「고독사」와 「춘정」은 작가 속에 잠재된 사물을 바라보는 따뜻함을 엿볼 수 있어 작품상으로 선정했다고 한다.

「입춘을 기다리며」로 가작 상을 받은 박성은 씨는 박완서 님의 『꼴찌에게

갈채를』에 나오는 글귀처럼 '언제나 꿈으로 식사를 하고 희망으로 옷을 지어 입고 사랑으로 단장한 멋진 여인'에 더불어 글을 잘 쓰는 여인이길 소망한다며 수상소감을 밝혔다.

시상식을 마치고 나눔의 시간을 가졌다. 준비한 다과를 나누며 문학에 대한 열정으로 문학인들의 대화가 끊이질 않았다. 서로 바빠 모이기 힘든데 이렇게 한자리에 모이다 보니 시간 가는 줄 모르고 늦은 시간까지 문우지정을 나누었다.

행사를 마치고 집으로 돌아가는 발걸음이 가볍기만 하다. 글쓰기를 하노라면 며칠을 고뇌하고 번민하며 퇴고를 반복한 뒤에 한편의 작품이 나오곤 한다. 눈앞에 부귀영화가 주어지는 일은 아니지만, 작품 활동에 매진하다 보면 때로는 울기도 하고, 웃기도 하며 머리를 쥐어짤 때도 있지만, 좋은 작품 하나를 완성할 때면 세상을 다 얻은 것 같은 카타르시스를 느끼곤 한다. 그것이 문학만이 주는 특유의 기쁨이기에 쉽지 않은 길을 꿋꿋이 가고 있고 가려는 사람들이 있나 보다. 오늘의 조촐한 문학 행사가 더 크고 아름답게 느껴지는 것은 나를 위로하고 치유하는 생명의 원동력을 지닌 문학의 힘 때문이 아닐까. 깊어 가는 가을밤 밤하늘에 총총히 떠 있는 별을 헤며, 당진 문학인으로서 굳건하게 펼쳐질 앞으로의 당진문학의 별자리를 그려본다.

작은 책방에서 만난 '오래된 미래'

면천에 작은 책방이 생겼다고 해 버스를 타고 면천으로 향했다. 면천에 몇 번 와본 적은 있지만, 버스로는 초행길이라 제대로 찾아온 건지 몰라 어리둥절했는데 버스에서 내리자마자 성벽이 보이니 안심이 된다. 옛 서문에서 오르막길로 5분 정도 걷다 보니 풍락루가 보인다. 풍락루 뒤편으로 지금은 이전한 면천초등학교 자리가 동헌과 객사가 있던 자리다. 이곳에 동원과 객사를 복원한다고 하니 벌써 그 모습이 기대된다.

오랜 시간의 향기가 켜켜이 배어있는 동네 골목골목을 걷다 보니 크고 작은 주택들 사이에 보석처럼 박혀 있는 책방이 한눈에 쏙 들어왔다. 아직 간판을 달지 않았지만, 2층짜리 예쁜 건물이라 한눈에 책방인 걸 알 수 있었다. 작은 책방은 단순히 책을 사고파는 공간이 아니다. 책방 주인의 취향에 따라 기획한 공간이 주는 신선함을 엿볼 수 있다. 주인이 설정한 콘셉트를 따라 진열된 책을 둘러보니 동화를 좋아하는 책방 주인의 독서 취향도 보이고 신영복, 조정래, 권정생, 박경리 등 평소에 좋아하던 작가의 책이 눈에 띄어 맛집 탐방하는 것처럼 마음이 뿌듯하다.

책방 이름이 '오래된 미래'라고 해서 신선하기도 하고 궁금하기도 해서 지은숙 대표에게 무슨 의미인지 물어보았다.

“이름에는 내가 하고자 하는 의미가 있습니다. 책방 장소가 이곳에 정해진 순간 장소에 대한 특수성 때문에 그냥 책방 이름이 정해졌어요. 첫째, 오래된 마을에서 문화를 만들어 가면서 미래를 향해 나아가고자 하는 의미. 둘째, 책은 오래된 것이지만, 없어지지 않고 미래를 지향하는 것이기 때문입니다.”

“면천읍성 이라는 장소 덕을 많이 봤어요. 오래된 미래 속에는 장소까지 포함돼요. 이 장소가 아닌 곳에서 오래된 미래는 별 의미가 없는 것 같습니다. 여담으로 이 집 또한 50년 넘은 건물이에요. 200여 년 전에 면천 군수로 재임하던 박지원이 쓴『면양잡록』이 후대들에게 오래된 미래가 된 것처럼 책방 ‘오래된 미래’를 통해서 미래를 꿈꾸고 싶습니다.”

지은숙 대표와의 대화를 통해 책방을 통해 사람과 교류하고자 하는 따뜻한 마음과 지역에 대한 애정을 엿볼 수 있었다. 책방 곳곳에 진열된 타자기와 옛날 교과서들과 전자기기로 인해 무용지물이 되어 버린 사전들, 수제 만년필 등 곳곳에 숨바꼭질하듯이 진열되어 있는 소품을 만나는 재미도 솔찬하다. 2층으로 오르는 계단 맞은편에는 당진의 문화를 알리기 위해 당진에 관한 책들이 전시되어 있다. 박지원이 면천 군수로 재직 시 기록한『면양잡록』을 문화원에서 번역해 놓은 책도 있어서 반가운 마음에 한 번 더 눈길이 갔다.

2층에 올라오니 대들보와 서까래를 고스란히 드러내 운치를 살린 천장과 아기자기한 소품들이 가장 먼저 눈에 띄었다. 50여 년의 시간 동안 보금자리를 든든히 지켜주며, 삶의 향기를 듬뿍 머금은 채 거뭇한 윤기가 흐르는 서까래와 대들보, 황토가 어우러진 천장을 머리에 이고 탁자에 앉아 창밖 풍경을 바라보며 책을 읽으니 신선이 부럽지 않다.

2층은 커피와 차도 마시며 책도 읽고 담소도 나눌 수 있는 공간이다. 어린 친구가 탁자에 앉아 책 삼매경에 빠져 있다. 창문을 통해 펼치는 풍경이 고즈넉하니 책 읽기 좋아 온종일 앉아서 책을 읽어도 지루하지 않겠다.

지은숙 대표는 책 읽기를 좋아하는 내향적 성격이라고 한다. 힘들 때마다 책을 통해 위로를 많이 받기도 하고 책에 나온 글귀 하나로 큰 힘을 얻는다고 한다. 또한, 10년 전부터 가까운 지인들과 독서 모임을 하며 함께 하는 책 읽기의 소중함도 깨달았다고 한다.

이러한 경험들이 바탕이 되어 이 공간은 누구나 와서 책을 읽을 수 있고 담소를 나눌 수 있는 쉼의 공간으로 활용할 거라고 한다. 아울러 다양한 사람들의 다양한 생각을 나눌 수 있는 독서 모임의 공간으로도 활용한다 한다. 또한, 영화관에서 쉽게 볼 수 없는 독립영화나 지나간 좋은 영화도 함께 볼 수 있도록 2월부터 한 달에 한 번씩 심야극장도 운영할 계획이라고 하니 벌써부터 기대된다.

한쪽 골방에는 어린 시절 바닥에 누워 뒹굴뒹굴하며 읽곤 하던 만화책이 한쪽 벽면에 수북이 쌓여 있다. 다음에 아이들과 함께 와서 동심으로 돌아가 맘껏 뒹굴며 만화책을 읽어봐야겠다. 예쁜 꽃 리스가 달린 문을 열고 옥상으로 나가니 예쁜 기와지붕과 색색의 의자가 만들어 내는 풍경들이 고즈넉한 읍성 안 주택들의 풍경과 조화를 이루며 보는 이의 마음을 포근하게 만든다.

옥상 계단을 통해 1층으로 내려오니 책방이 예뻐 지나가다 들어와 봤다는 젊은 신혼부부 손님도 있고, 2층에서 만난 어린이가 어머니와 함께 책방 컬러링 도안에 색칠을 하고 있다. 책방을 방문한 이들은 누구나 작은 책방 '오래된 미래'가 인쇄된 컬러링 도안을 색칠해 가져갈 수 있다고 한다.

항상 책 언저리에 일을 했던 지 대표는 할머니가 된 후도 행복하게 할 수 있는 일이 무얼까 생각했다고 한다. 5년 전에 충북 괴산에 있는 '숲속 작은 책방'을 알고 난 후 집에서 할 수 있는 책방을 운영하는 꿈을 갖게 되었다. 3~4년 동안 작은 책방을 다니기만 하며 엄두가 안 나 망설였다고 한다.

우연히 SNS에서 이천에 '오월에 푸른 하늘'이라는 책방을 보는 순간 지 대표가 꿈꾸던 작은 책방과 너무 똑같아 왈칵 눈물이 났다고 한다. '너무 하고 싶다. 망하더라도 한번은 해야 할 것 같다. 그냥 하자 일단은 한번 해보자'라고 장소를 물색했다. 그때 떠오른 곳이 10년 전 당진에 이사 와서 처음 놀러 온 면천에서 한눈에 쏙 들어왔던 이 건물이라고 한다.

마침 면천읍성 안 그 미술관 관장에게 이 건물이 경매가 났다고 이야기를 듣고 같은 꿈을 꾸는 사람이 곁에 있다는 것에 힘을 얻어 작년에 구매했다고 한다. 1년 가까이 부부가 직접 고치고 수리해 가며 이렇게 예쁜 책방을 열었다.

'오래된 미래'에서는 새 책과 헌책을 같이 판매하고 있다. 또한 일부러 책방을 찾아오는 사람들이 많아 새 책은 할인도 해준다고 한다. 주위에서 책방을 열거면 북카페로 하라는 권유가 많았지만, "책이 주인이기에 반드시 책방이어야 한다"고 말하는 지 대표의 책에 대한 무한한 애정과 자부심을 느낄 수 있었다.

시간 가는 줄 모르고 담소를 나누는 사이 시나브로 책방 사위가 어둑해졌다. 역사가 배여 있는 좋은 장소에서 책 한 권 읽는 맛이 도시에서 책을 읽는 것과 비교할 수 없을 것이다. 오늘 하루 소박하지만 과거와 현재와 미래를 아우르며 삶의 뿌리를 단단하게 이어주는 작지만 큰 책방을 만난 행복한 날이다. 면천읍성이 품은 작은 책방을 만나러 와서 작은 책방이 품은 오래된 미래를 엿보았다.

오늘 작은 책방 '오래된 미래'에서 좋은 추억과 행복한 미래를 한 아름 품고 집으로 돌아왔다.

갑천에서 만난 강 인문학

'고개와 떨어져 들에 있는 시냇가 마을은 손가락으로 꼽을 수 없을 만큼 많아 이루 다 말하기 어렵다. 이 중에 공주(현재 대전)의 갑천을 제일로 치는 것이 마땅하다.' 이중환의 택리지에 나오는 부분이다. 대전의 하천생태를 돌아보기 위해 갑천을 찾았다.

갑천은 숲길을 따라 하천이 흐르고 숲의 지리적 기능과 다양한 생태계의 가치가 어우러져 있는 전위지대다. 수중생물들이 육상으로 올라오고 숲의 생물들이 다시 물속에 들어가서 알을 낳는 자연하천으로 수서곤충들이 하천에서 먹이 활동을 하는 생물 다양성을 갖고 있다.

쏴아아~ 바람이 불면 작은 손바닥을 닮은 미루나무 이파리가 찰랑찰랑 거리며 이야기를 들려준다. 우리들도 계단에 앉아 선생님의 이야기를 들었다. 칠팔 년 전만 해도 비닐하우스와 논과 밭, 과수원이 있었던 곳에는 아파트단지가 조성되어 있다. 도심하천은 도시생태계의 허브 역할을 하며 중요한 가치를 지닌다. 자갈 하천을 따라 조성된 갑천변은 시민들에게 회색 도시 안에 허파와 같은 공간으로 자리매김하며, 산책로나 휴식공간과 같은 치유의 공간으로 사랑받고 있다.

햇살을 받아 퍼지던 윤슬이 가을바람을 타고 물결 위를 소금쟁이처럼 또르르 구르며 흘러가는 모습이 은구슬인 양 영롱한 빛을 발한다. 하천 바닥을 헤엄치는 물고기들의 유영과 패각류들 물소리가 어우러져 시월의 오페라를 연출하며 삶에 활력을 불어넣어 주는 대자연의 운율을 선사한다.

늘어선 버드나무 이파리와 바람의 합주를 들으며 갑천변을 따라 걸었다. 몇 해 전만 해도 홍수가 나면 물의 흐름을 방해한다는 이유로 베어지던 나무들이다. 하천정책이 생태적으로 바뀌며 수생식물들이 무성하게 자라나 물인지 풀밭인지 알 수 없는 이 공간이 다양한 곤충 어류 야생동물이 터를 잡고 살아가고 있는 공간이다.

산기슭 아래 작은 시내 앞으로 부들이 보이는 곳에 웅덩이가 보였다. 웅덩이로 물이 들어오며 흙이 유입되어 퇴적하는 배후습지다. 그러구러 해마다 거듭되는 가뭄으로 인해 두꺼비와 개구리의 서식공간이 점점 작아져 물뭍동물의 개체 수가 점점 줄고 있다. 서식환경으로 인해 생육에 불리한 조건을 가지고 있는 물뭍동물은 주로 숲에서 살지만 웅덩이가 있어야 산란할 수 있다. 하천은 흐르는 공간이라 알이 떠내려가므로 물뭍동물의 산란장소로 이용할 수 없다고 하니 안타까운 현실이다.

도심지를 벗어난 숲속에는 참나무 이파리가 바람에 뒤집혀 은빛 속살을 반짝이며 숲속 가득 차르르 차르르 아우성이다. 마치 수천 개의 은방울이 햇살에서 쏟아져 내려와 참나무 숲을 구르고 있는 착각 속에 빠져들게 한다.

갑천에서 경관이 가장 아름다운 장소에서 발길이 머물렀다. 버드나무를 마주하고 바라보니 도시로 진입하는 하천의 모습이 장관이다. 계절마다 이곳에서 사진을 찍으면 다양한 경관의 느낌을 감상할 수 있다. 시간의 흐름이 지날수록 아낌없이 주는 나무처럼 갑천을 찾는 많은 사람들에게 넉넉한 그늘을 제공하며 사람들에게 마음에 쉼표를 찍어주고 있는 장소다.

버드나무 공간에서 위쪽으로는 여울이 가장 아름다웠던 자리다. 15년 전만 해도 아이들과 함께 추운 겨울에 맨발로 여울을 건너는 체험을 할 정도로 아주 예쁜 여울이었다고 한다.

월평공원 반딧불이 서식지라는 표지판 바로 밑에 보문산을 관통하는 터널로 이어져 있는 다리가 보인다. 10년 전 월평생태공원을 가로질러 도심을 연결하는 도로 구간을 만드는 도시 계획이 구체화되며 환경단체와 타협점을 찾지 못했다고 한다. 월평공원의 가장 가는 허리 부분인 골짜기를 관통하는 공사인지라 많은 희귀종 식물들과 양서류 도마뱀들의 서식처 파괴는 불가피한 상황이었다. 이곳의 생태환경을 지키기 위해 환경단체들이 애썼으나 역부족이었다 한다.

개발 공사가 한창일 때 밤이면 부엉이는 바위 위에서 부우엉~ 부우엉~ 울고, 반딧불이는 날아다니고, 서식처 바로 밑에서는 기계음이 요란했다. 지금은 부엉이도 사라지고 반딧불이도 예전처럼 많이 나오지 않는 아픔의 공간이다.

견고한 다리를 만들기 위해 교각 밑에 콘크리트 보호공을 치며 하상이 쇄골 되지 않도록 콘크리트를 과도하게 치다 보니, 자갈에서 산란 활동을 하는 반딧불이 살기 어려워 갑천에서 제일 예뻤던 공간은 추억 속으로 사라졌다.

등산로 주변의 참나무들이 나무뿌리를 드러내고 있다. 나무뿌리 틈새로 뚫린 작은 구멍들이 신기했다. 물총새가 탁란하던 장소란다. 바위에 앉아 물고기를 사냥해 먹이 활동도 하고 새끼도 키우던 곳이다. 먹잇감이 사라진 하천에는 물총새의 빈 둥지만이 남아 있다.

숲 안쪽에 참나무가 서로 연리지를 이루고 있다. 연리지를 보며 신토불이라는 고사성어가 떠올랐다. 우리가 살아가고 있는 이 땅을 인간의 편의만을 위해 자연 생태계를 훼손한다면 우리의 삶이 병들었을 때 자연이 우리를 살려낼 수 있을까.

연리지 옆에는 이끼 옷을 입은 버드나무의 따뜻한 품을 찾아 날아온 이름 모를 씨앗이 작은 싹을 틔우고 있다. 고갱이를 작은 날짐승들과 이름 모를 풀씨들에게 쉼터로 내어 주며 공생하고 있다. 버드나무를 바라보며 겸허히 내 삶에 작은 쉼터를 구상해 본다.

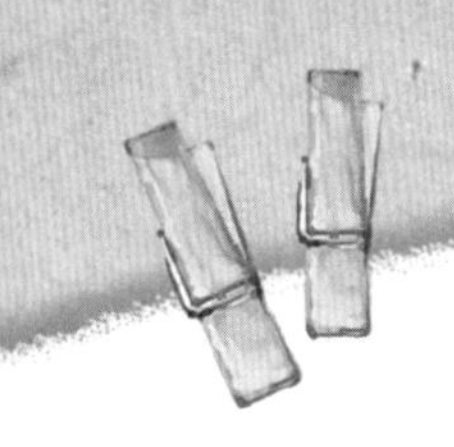

해나루 감자축제

오늘은 황토감자축제가 기지시 줄다리기 박물관 일원에서 열린다고 해 아이들과 함께 축제장을 찾았다. 작년까지는 상록초등학교 일원에서 감자 축제를 했었는데, 올해는 더 많은 시민들의 참여를 독려하기 위해 줄다리기 박물관 일원에서 진행한다고 한다.

줄다리기 축제 때 왔을 때만 해도 간신히 겨울을 이겨낸 봄빛이 푸릇하게 덮여있던 야트막한 언덕에 시린 기운이 서려 있었다. 이제는 시나브로 싱그러운 푸르름이 하늘 끝까지 차올라 유월의 초목 위에 푸른빛을 뚝뚝 떨구며 청포도처럼 익어가는 계절이 되었다.

축제는 여러 농특산물 행사의 경험을 바탕으로 활기차고 다양하게 구성되어 있었다. 황토와 감자에 관한 체험을 통해 농촌의 소담한 정서를 느낄 수 있어 더 좋았다. 흙의 편안함과 자연의 풍요로움과 싱그러움이 함께하는 축제장에서 가족, 친구, 연인들과 함께 즐거운 추억을 선물하고자 준비한 주최 측의 세심함이 축제장 곳곳에 배어 있었다.

축제장 한쪽에서는 커다란 가마솥에 하얀 김이 모락모락 피어나며 황토감자 익어가는 냄새가 침샘을 자극한다. 아이들과 함께 찐 감자를 맛보았다. 껍질을 벗겨 뜨거운 감자를 한입 베어 무니 담백하고 칼칼한 맛이 입안 가득 퍼지며 절로 기분이 좋아졌다.

오늘의 하이라이트는 감자 캐기 체험인데 인터넷 접수 300명은 모집하자마자 마감되어서 아쉬워하던 참이다. 마침 축제장을 찾는 가족들을 위해 현장 접수를 받고 있었다. 체험비는 한 박스에 시중 가격의 절반 정도였다. 감자를 좋아하는 아이들을 위해 우리 가족은 2박스를 신청했다. 자그마한 산길을 지나 감자밭으로 향하니 진행요원들이 호미와 장갑, 감자 박스를 나눠주고 있었다. 보무도 당당하게 아이들과 함께 밭에 꼭꼭 숨겨진 보물 감자 캐러 출발했다.

감자를 캐기 편하게 밭 주인이 감자 줄기도 미리 잘라놓아서 아이들도 쉽게 감자를 캘 수 있었다. 아이들은 호미로 땅을 팔 때마다 굵은 감자가 떼굴떼굴 굴러 나오니 너무 좋아하며 아우성이다. 힘껏 감자 줄기도 뽑아 보고, 아이들이 캔 감자 들고 사진도 찍다 보니 어느새 박스에 감자가 수북이 담겼다.

당진 지역에 감자 농사를 짓는 농부들이 모여 직접 생산한 감자를 전시하고, 품평하는 시간도 있어 아이들과 함께 감자에 대해 알아보는 시간도 가졌다.

감자에는 칼륨이 풍부해 체내에 나트륨을 몸 밖으로 배출하는 작용을 하므로 과식하거나 짜게 먹은 다음 날 아침에 감잣국이나 감자 수프를 먹으면 부기가 쉽게 빠진다.

감자의 영양소는 대부분 껍질 근처에 몰려 있기 때문에 껍질을 벗기지 말고 깨끗이 씻어 먹는 게 좋다. 갑자기 위통이 올 때 감자 생즙을 마시면 진통 작용을 하는 아트로핀 성분 덕분에 위 통증이 사라진다. 아침저녁 공복에 감자 생즙 1~2 작은 술을 꾸준히 먹으면 비타민C와 판토텐산이 위장

점막을 튼튼하게 하므로 위가 약한 사람에게 안성맞춤이다.

감자 팩은 피부 진정과 미백에 효과적이며, 불에 데거나 벌레에 물려 부어오른 부위를 가라앉히는 데도 좋다. 껍질째 강판에 갈고 밀가루를 섞어 점도를 높인 다음 눈가를 제외한 부위에 발랐다가 10~15분 후 미지근한 물로 닦아내면 여름철 팩으로 안성맞춤이라고 하니 여름철 피부 건강은 감자에게 맡겨야겠다.

로컬 코너에는 지역 농산물로 만든 건강식품과 국산 곡물로 만든 미숫가루와 참기름도 판매하고 있었다. 집에서 농사지은 개복숭아로 만든 고추장과 청도 판매하고 있고, 마트에서 구하기 쉽지 않은 개복숭아도 판매하고 있었다.

부모님과 함께 축제장을 찾은 아이들을 위한 슬라임 체험하기와 전통놀이 체험, 물놀이장도 있고, 작은 동물원에서는 먹이 주기 체험도 함께 진행되고 있어 아이들에게 인기 만점이다. 주말이면 아이들과 함께 마땅히 즐길 게 없어 아쉬웠는데, 오늘 하루 감자축제장에서 준비한 체험 거리 덕분에 감자밭에서 아이들과 맘껏 즐기고 체험한 행복한 시간이었다. 집으로 돌아오는 내내 다음에 또 감자축제에 놀러 오자고 졸라대는 아이들의 재잘거림에 내년 해나루 황토감자축제가 벌써 기다려진다.

제 3 부

참새 살리기

고목에 피어난 사랑

사과꽃을 한 아름 따서 채반에 쏟아놓았다. 봉투 속에 숨죽이고 있던 사과 향이 방안 가득 진동을 한다.

청명한 날씨에 계절을 다투듯 온갖 꽃들이 피고 지느라 분주하다. 봄이 완연히 무르익어 가고 있다. 과수원의 고목도 꽃망울을 틔우며 봄의 절정을 장식하고 있다. 보드라운 햇살에 솜구름이 과수원 사과나무 우듬지에 늘어지게 걸터앉아 아이들과 씨름하는 나를 향해 여유 만만한 미소를 쏟아내는 날이다. 집안에서 아이들과 씨름하는 것도 지쳐, 쑥을 뜯을 양으로 사과밭으로 향했다.

몇 년 전부터 몸이 여기저기 불협화음을 일으켜 일주일에 한두 번씩 산책을 시작했다. 그 길에서 만난 것이 방치된 사과나무 과수원이다. 인근 사과밭에선 일 년 내내 과수원지기의 손길이 끊이지 않는다. 사과꽃이 피기 전부터 서너 번의 서리가 내릴 때까지 비지땀을 흘리며 사과나무를 돌보고 가꿔 황금사과를 수확한다. 수확 후에도 다음 해를 기약하며 겨울 채비를 단단히 하는 것을 잊지 않는다. 몇 년째 주인의 손길이 사라진 사과

나무들은 우후죽순으로 돋아난 도장지*와 습지* 를 숙명처럼 짊어지고 거무추레한 모습으로 서 있었다. 초봄의 꽃샘추위와 한여름의 뜨거운 태양을 고스란히 받으면서도 제대로 된 열매를 내어주지 못한 채 한겨울 한파를 고스란히 맞으며 쓸쓸히 계절을 보내야 했다. '진즉에 베어내고 새 묘목을 심어야 할 텐데' 하며 몇 년째 방치하고 있는 과수원지기의 무심함을 탓하며 과수원을 지나곤 했다.

오월의 신부처럼 부풀어 오른 진분홍 사과 꽃망울이 화사한 햇살을 한껏 머금고 있다. 스치는 바람에 봉숭아 씨앗처럼 톡 꽃망울을 터트리며 달큰한 향을 쏟아낸다. 햇살 아래 은어 비늘처럼 반짝이는 꽃잎이 산들바람에 하르르 날다가, 아이 볼에 발그레이 내려앉아 무심한 듯 태연하다. 꽃잎이 내어주는 길을 따라 사과밭을 거닐었다. 사과나무엔 가시박과 박주가리 넝쿨이 나뭇가지를 칭칭 감고 있다. 해바라기를 제대로 못 한 한쪽 가지는 삭정이가 되어 살짝 잡아당겨도 뚝 부러져 버렸다.

위풍당당하던 옛 모습은 온데간데없고, 울퉁불퉁한 옹이만이 대여섯 개 훈장인 양 문신처럼 깊게 새겨진 나무들만 즐비하다. 가까이 다가가 썩어 구멍이 뚫린 옹이를 만져봤다. 나무 밑동의 고갱이는 흔적도 없고, 나무속은 개미들의 보금자리가 되어 있었다. 개미들은 나무의 썩은 속을 집 밖으로 물어내느라 분주하고, 개미집을 포근히 감싸고 있는 물관부는 봄물을 끌어올리며 여리디여린 꽃잎을 피워낸다.

아이들의 까르르 웃음소리에 과수원 터줏대감들은 비상이 걸렸다. 작은 아이는 나무에 터를 잡은 개미들과 씨름하느라 바쁘다. 큰아이들은 나무를 타고 올라앉아 꽃 삼매경에 빠졌다. 나무껍질 속에서 겨울을 넘긴 벌레들

---

*도장지 : 웃자란 가지.

*습지 : 사과나무 밑둥치에서 올라오는 가지.

은 꼬물꼬물 나뭇잎을 갉아먹고 있다. 벌레잡이에 분주하던 새들은 나뭇가지를 징검다리 삼아 포르르 날아오르며 그들만의 비상 회의가 열렸다. 참새들의 재잘거림에 박새들이 화답하고 휘파람새와 직박구리의 날갯짓에 꽃잎이 나비인 양 화답한다.

아이들과 함께 가시박과 박주가리 넝쿨을 걷어내고 삭정이를 잘라줬다. 그늘에 숨죽이고 있던 꽃망울이 봄볕을 받아 발그레이 물든다. 움츠렸던 잎들은 기지개를 켜며 맘껏 해바라기를 하고 있다. 홍조 띤 아이들의 얼굴에 맺힌 땀방울을 실은 산들바람이 사과밭을 휩싸고 불며 봄날은 흘러간다.

꽃과 잎을 분리해 꽃잎이 떨어지지 않게 살살 씻어 덖어서 사과꽃차를 만들었다. 꽃에서도 잎에서도 사과 향이 진동을 한다. 찻잔에 사과꽃을 피웠다. 찻잔 속에서 살포시 피어나는 꽃잎에 먼저 눈으로 꽃차를 마신다. 코끝을 간질이는 은은한 향에 취해 한 모금 마셔본다. 사과꽃 향이 온몸을 감싼다. 사과꽃에는 폴리페놀과 플라보노이드 각종 유기산과 포도당이 풍부해 콜레스테롤 상승을 억제하고, 혈전 용해 및 뇌졸중을 예방하며, 골밀도를 유지시켜 준다고 하니 누구나 마셔도 좋을 듯하다.

늘 같은 자리에서 묵묵히 무한의 사랑을 실천하고 있는 나무를 보며 이기적이고 치열하게 가지려 한 내 삶을 돌아보았다. 단조로운 일상에서 아름다운 인생의 교훈을 안겨준 보석처럼, 아름다운 사과나무를 만난 행복한 시간이다. 아낌없이 꽃과 열매를 내어주고 나뭇가지와 기둥을 쉼터로 내어주는 나무. 내 삶에 의심이 들 때쯤 마음속에서 오늘 만난 삶의 진리를 꺼내 볼 것이다. 늙은 사과나무가 피워낸 삶의 향기를 만끽한 행복한 하루였다.

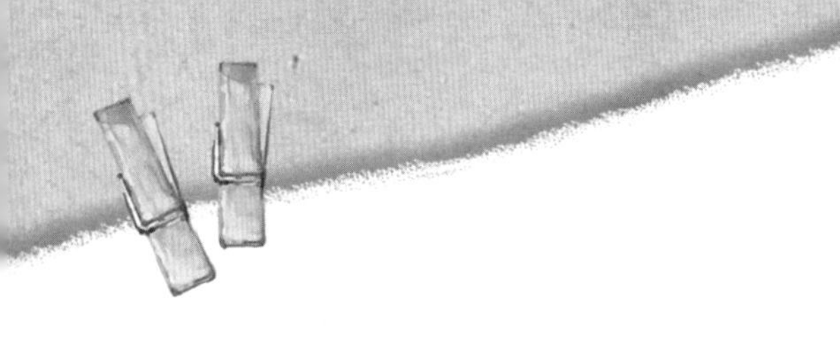

하늘말나리꽃

여섯 살 딸아이의 한글 공부 작전에 들어갔다. 온 가족이 제 이름 쓰기를 지도하느라 진땀을 빼든 말든 딸아이는 내 알 바 아니라는 듯 요령만 피운다. 어렸을 때는 맘껏 놀아야 한다는 나의 교육관이 한몫했던가. 그렇다고 이 정도로 공부에 관심이 없을 줄은 꿈에도 몰랐다.

놀이에 마음 빼앗긴 아이를 억지로 붙들어다 책상 앞에 앉혀놓았다. 몇 글자 따라 쓰던 아이는 무조건 못한다며 책상 위에 있던 필기도구를 쓸어내 버렸다. 처음에는 슬금슬금 눈치라도 살피더니 나중에는 레고 상자를 올려놓고 조립하느라 여념이 없다. 서너 살에 이미 한글을 터득한 제 오빠들만 생각하고 내가 너무 안일했나 싶기도 하다.

며칠 전 어린이집 선생님을 만나 상담을 한 일이 있었다. 보통의 아이들은 제 이름은 기본이고, 쉬운 단어 정도는 술술 쓸 줄 안단다. 그러나 우리 아이는 레고나 다른 만들기 시간에는 활기차다가 한글 공부 시간만 되면 풀이 죽어 딴짓을 한다는 것이다. 그러니 가정에서 제 이름 쓰기부터 지도해 주기를 부탁하셨다. 속상하고 창피한 마음에 집으로 돌아오자마자 눈물이 쏙 빠지도록 아이를 다그쳤다. 그런 후 숨도 돌릴 틈도 주지 않고 한글 공부를 시작한 것이다.

엄마들의 모임에서 생태학습 야외수업이 있다고 하여 아이와 함께 나들이를 했다. 숲 사이로 부는 바람이 아까시 향을 실어 왔다. 한글 모르는 아이 때문에 답답하던 마음이 조금은 풀어지는 듯했다. 루페를 통해 소나무의 외피 안쪽을 보았다. 거미줄이 신비한 미로처럼 엉겨있었다. 무심히 지나쳤던 나무와 나뭇잎의 특징, 그리고 은은하게 풍기는 다채로운 꽃향기, 각양각색의 열매도 살펴보았다.

나무는 햇빛과 비와 바람을 항상 예측할 수 없다. 그렇기에 언제 어떤 색으로 꽃을 피워야 할지, 씨앗을 어떻게 퍼뜨리고, 뿌리를 어느 방향으로 얼마나 깊이 내려야 할지를 스스로 결정을 한다. 그만큼 나무는 빛의 길이를 잘 알고 살아가는 생물이다.

수많은 꽃들이 각기 다른 모양과 크기의 꽃들을 피우며 제각기 다른 색깔을 만들어 낸다. 똑같은 철쭉이라도 진분홍, 연분홍, 하얀색, 심지어는 노란색도 있지만, 서로의 다름을 탓하거나 시기하여 모방하지는 않는다. 상황에 따라 각기 다른 호르몬을 배출해 꽃과 잎을 피우거나 열매 맺거나, 가지를 키우며, 잎을 떨구고, 성장을 멈추기도 한다. 나무 관찰을 마친 아이가 이번에는 꽃동산을 발견하고 그리로 달려갔다. 책상머리에서 풀 죽었던 아이의 모습이 아니었다. 대견하고 미안한 마음을 희석시킬 양으로 뒤따라갔다. 꽃밭을 한껏 누비며 뛰어다니는 아이의 모습이 한 쌍의 노랑나비와 어우러져 하나의 풍경이 되었다.

진달래는 꽃을 먼저 피운 후 나중에 잎을 내고, 백일홍은 잎이 먼저 나오고 꽃이 늦게 핀다. 철쭉은 잎과 꽃이 동시에 피기도 한다.

수업을 마무리하며 참으로 많은 생각이 들었다. 개나리, 진달래, 벚꽃은 연초록 새싹 돋는 봄에 피어야 예쁘다. 라일락, 수국, 장미꽃은 신록이 우거진 여름에 피어야 시선이 간다. 수수와 벼 이삭은 가을에 익어야 풍성하고 하얀 눈꽃은 겨울에 피어야 아름답다.

아이는 레고로 자동차를 만들어 엄마를 태워주었다. 크레인을 만들어 엄마의 무거운 짐을 들어주기도 했다. 어느 날은 청소기를 만들어 집 안 청소를 도와주고, 엄마 어깨 아프다며 안마기로 두드려 주기도 했다. 비록 조립 장난감들이지만 살림과 육아에 지친 엄마를 웃게 해주고 위로해 주는 청량제였음은 분명한 사실이다.

한글 공부를 지도할 때마다 다그치고 윽박지르는 것이 아이를 위하는 어미의 최선인 줄 알았다. 아이의 강점보다는 내가 가진 잣대를 들이대며 자꾸 못하는 면만 들추어냈다. 아이는 레고를 들고 와서 자신의 색깔을 보여주었지만, 그만 눈먼 엄마는 쓸데없는 짓으로만 여겼다.

봄부터 초여름까지 수많은 꽃들이 피고 진 숲에서 유월 하늘을 향해 꽃망울을 터트리는 붉은색 나리꽃이 있었다. 모양이 독특해 가까이 다가서 보니 하늘말나리다. 보통의 나리꽃은 옆이나 아래를 보고 꽃이 핀다. 그러나 하늘말나리는 하늘을 보고 꽃을 피워낸다. 세상의 모든 식물들이 똑같은 시기에 꽃을 피운다면 세상은 얼마나 재미없을까. 세상의 모든 꽃들이 하늘만 보고 잎이나 꽃을 피운다면 이 또한 얼마나 밋밋할까. 우리 아이 스스로 꽃을 피우고 잎을 낼 때까지 지지자로서의 마음가짐을 굳게 지켜야겠다.

하늘말나리라는 이름을 얻은 꽃이 꼭 우리 아이를 닮아서 더 정이 간다. 신록이 우거진 유월의 산에서 붉은 꽃망울을 터트리는 하늘말나리가 나의 마음을 뒤흔든다.

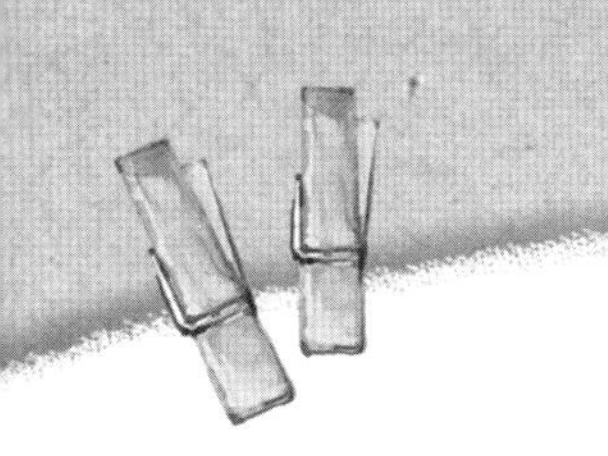

선생님의 바리캉

'문자 왔숑~ 문자 왔숑~' 경쾌한 알림음 소리에 휴대전화를 확인했다. 학생들 머리에서 이가 발견되었으니, 자녀들 머릿속 검사를 부탁드린다는 내용이었다. 문자를 받고 나니 잊을 수 없는 두 가지 기억이 떠올랐다.

사십 년 지난 초등학교 시절의 일이다. 그때는 정말 이가 많았다. 학교에서든 집에서든 머리를 긁어대는 것은 예삿일이었다. 심할 때는 등짝이며 옆구리 사타구니를 긁어 대느라 학교 수업에 집중하지 못할 때도 있었다. 특히 여자아이들의 긴 머리카락에선 기어 다니는 이는 물론 허연 서캐도 쉽게 볼 수 있었다. 바람에 머리카락이 흩날리면 하얗게 핀 서캐 꽃이 수줍은 듯 모습을 드러내곤 했다.

초등학교에서는 일 년에 두 번씩 용의 검사를 실시했다. 용의 검사 일주일 전부터 선생님은 손발톱 정리는 기본이고, 머릿니를 말끔히 잡으라는 엄명이 내려졌다. 만약에 머릿니가 그대로 있으면 머리를 쥐 파먹은 것처럼 바리캉으로 밀어버린다는 무시무시한 협박이 뒤따랐다. 득달같이 엄마를 졸라 토방에서 쪼그리고 앉아 머리를 맡겼다. 나른한 오후 햇살에 이를 제거하는 엄마의 손길이 지나갈 때마다 가렵던 머릿속이 시원해 잠이 들곤 했다. 참빗으로 머리카락을 빗고, 손으로 잡아내도 이를 박멸하는 것은 어려운 일이었다.

이가 사는 곳은 어디 머리뿐인가. 겨울이 되면 빨간 내복 안쪽 솔기에도 하얗게 슬은 서캐와 이를 볼 수 있었다. 할머니는 화로 앞에 앉아 내복 솔기에 숨어 있는 이를 잡아내셨다. 그래도 사라지지 않자 내복을 뒤집어 밤새 마당 빨랫줄에 널어놓으셨다. 밤새 얼어버린 내복에는 하얗게 이가 달라붙어 있었다. 이를 털어내고 다시 따뜻한 아랫목에 들여놓으면 내복 솔기에 숨어있던 이가 살아나 끈질긴 생명력을 자랑했다.

용의 검사 시간이 다가오자 친구들은 마음을 졸이며 선생님의 처분을 기다렸다. 하지만 사십여 명의 친구 중에 이가 없는 친구는 없었다. 아이들 머리를 몽땅 밀 수도 없는 노릇이었다. 선생님은 체념했는지 도가 지나친 대여섯 명의 친구를 교탁 앞으로 불러내셨다.

번호순으로 걸상에 앉힌 후 바리캉을 꺼내 들고 머리 한 귀퉁이를 확 밀어버린 후 이발을 해 주셨다. 바리캉이 지나갈 때마다 머리카락에 달라붙었던 이와 서캐가 툭툭 떨어져 나갔다. 까까중머리를 한 친구들은 공짜 이발을 한 기쁨 반, 이가 사라져서 가려움에 시달리지 않아도 되는 기쁨 반으로 친구들의 부러움을 샀다.

"선생님, 저희도 이발해 주세요."

불려가지 못한 남자 친구들의 웅성거림으로 교실이 소란스러웠다. 사십년 가까이 되는 세월이 흘렀지만, 그 시절 친구들의 머리를 이발해 주시던 선생님의 모습을 잊을 수가 없다.

두 번째 기억은 세계 금융위기 이후 경제 불황이 찾아왔던 어느 해였었다. 신축 아파트에 거주하던 자영업자가 하던 일이 잘못되는 안타까운 일이 생겼다. 엄마마저 몇 개월을 버티다 집을 나가버렸다. 빚에 쫓겨 동분서주하는 아빠의 안중에 아이는 없었다. 아이는 인스턴트 음식으로 끼니를 때우는 일이 다반사였다. 시나브로 청결하지 못한 외모로 인해 친구들의 기피 대상이 되어버렸다. 급기야는 아이의 머리카락을 타고 머릿니가 다니자 친구들에게 집단 따돌림의 대상이 되어버렸다. 동네 아주머니들은 매정한 아이 엄마를 험담하며 쯧쯧 혀를 차곤 했다.

'불쌍하다', '안됐다'는 걱정의 말들이 금세 눈덩이처럼 불어나 아이는 자그마한 몸으로 찬바람을 맞아야 했다. 이를 안타깝게 여기던 아주머니 한 분이 아이를 목욕탕에 데리고 가 씻겨 주셨다.

그러자 아이는 연신 "아이~시원해. 아이~시원하다." 하며 십 년 묵은 때를 벗겨낸 뒤의 개운한 표정을 지었다. 그 모습을 본 아주머니들에 의해 아이는 또다시 구설수에 올라야 했다. 그 후 얼마 뒤에 아이는 먼 친척의 손에 맡겨졌다.

언젠가 캘리그라피 전시회에서 본 신영복 님의 글귀 중에 한 구절이 떠올랐다. '관찰보다는 애정이, 애정보다는 실천이, 실천보다는 입장이 더욱 중요합니다.' 친구의 머리를 이발해주시던 선생님의 바리캉이 사십 년 가까이 지났어도 그리운 것은 왜일까. 선생님의 바리캉은 친구의 마음을 어루만져준 마술 도구였다. 아울러 친구들의 부러운 시선을 한껏 만끽하게 해준 작은 무대였다.

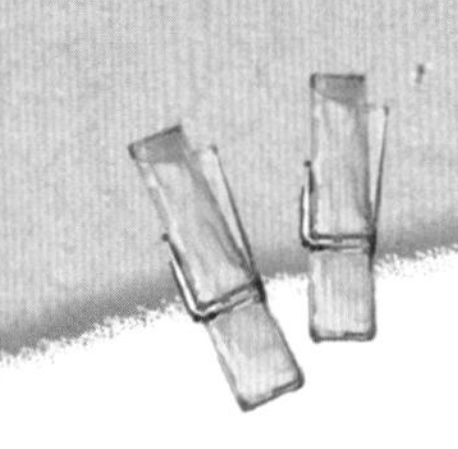

팔색조 살아내는 법

길을 가다 맹수를 만났다. 정신없이 도망가다가 막다른 절벽 아래로 떨어졌다. 다행히 절벽 틈새로 자라던 소나무 가지에 걸려 목숨을 구할 수 있었다. 절벽 아래를 보니 독사가 득시글거렸다. 설상가상으로 흰쥐와 검은 쥐가 소나무 가지를 번갈아가며 갉아먹고 있다. 그 소나무 가지에 매달려 날개를 활짝 펴고 날아오를 날만 기다리고 있다.

요즘은 아이 한 명 키우는 것도 과다한 교육비와 양육비로 힘겨워하는 세상이다. 삼포 세대라는 신조어가 떠오르더니 싱글족과 딩크족이 새로운 가족의 형태로 자리매김했다. 급기야는 세계 최저 출산국이라는 불명예까지 얻었다. 최근에는 과열된 교육열과 사회 구조로 인해 '에듀푸어'라는 신조어가 생길 정도로 아이 키우기 힘든 세상이 되었다.

팔둥이의 부모로 산다는 것은 빠듯한 삶의 연속이다. 혹여 숨 한번 크게 쉬면 내가 잡고 있는 소나무 가지가 부러질까 조심스러웠다. 끊임없는 집안일과 육아로 쉴 틈 없는 삶이었다. 아이들에게 학원은 커녕 흔한 학습지조차 허락할 수 없는 형편이었다. 아이들이 크게 아프지 않고 건강하게 자라준 것만으로 감사한 날들이었다. 그러니 책 한 권 읽는 것은 내 삶에 사치와도 같았다.

늦둥이 연년생 남매를 업고 들고 뛰어다니던 어느 날. 갑자기 한쪽 다리에 심한 통증이 찾아왔다. 며칠 사이에 집안은 엉망이 되어버렸다. 열심히 산다고 자부하던 마음에 회오리바람이 불었다. 깊은 절망감에 하늘만 바라봤다.

디스크와 협착증으로 인해 신경이 눌렸다고 했다. 힘든 일은 하지 말고 오래 앉아 있지도 말고 집안에서 가능하면 누워 지내라는 의사의 처방이 내려졌다. 급하게 시술을 받고 매일 물리치료를 받았다. 주변 분들이 건네는 말은 위로라기보다는 야유에 가까웠다. '감당치 못하는 아이들을 많이 낳아서 사서 고생한다.'고 했다. 걱정의 말들이 가슴속에 비수로 꽂혔다. 엄마를 돕겠다고 꼼지락거리는 고사리 같은 손길조차도 짜증스럽기만 했다.

바깥출입을 못 하고 지내던 어느 날 아이들이 빌려왔는지 보지 못했던 책이 눈에 띄었다. 무료함에 무심히 읽다 보니 나의 모습과 닮아 보였다. 그날 이후로 도서관에서 책을 빌려다 읽기 시작했다. 책을 읽는 동안 울고 웃으며 팍팍하던 내 삶에 여유가 생겼다. 날개보다 강한 맹수를 대적할 수 있는 지혜와 독사를 물리칠 수 있는 막대기가 어느새 내 손에 쥐어져 있었다.

그동안 메마른 사막에서 살아가는 선인장처럼 살았다. 온몸에 가시를 돋우고 생존을 위한 삶을 살던 나에게 책 읽기는 한줄기 오아시스였다. 사막과 같은 삶에 오아시스를 찾고 보니 세상이 아름답게 다가왔다. 오아시스를 망각한 채 맹수와 독사만을 피해 다니던 나 자신이 부끄러웠다.

거칠고 삭막한 여정 속에 숨겨진 삶의 반전을 맛보니 삶이 풍성하고 아름다운 것들뿐이다. 허리 디스크라는 병명을 얻어 누워서 지낼 때는 하늘이 무너지는 것 같았다. 하지만 누워서 지내며 두 번의 계절이 바뀌는 동안 책 읽기의 묘미를 알았다. 책을 읽으며 가시 선인장 같던 내 삶이 시냇가에 심은 나무처럼 활력이 생기기 시작했다. 까아만 밤이면 별빛을 품고 모래사막에 내리는 이슬을 맞아 가시 사이로 작은 꽃망울이 자리를 잡기 시작했다.

책을 빌리러 도서관에 간 어느 날 수필 수업이 열린다는 팸플릿을 보았다. 살아가면서 수필 한 편은 써보고 싶은 마음에 등록을 했다. 한 시간 넘게 앉아 수업을 들으려니 허리가 아파왔다. 어려운 심리학책을 읽는 것처럼 교수님의 강의가 머리 위를 맴돌았다. 하지만 콩나물에 물 주듯이 수업을 듣다 보니 나도 모르게 차곡차곡 정리되어져 갔다.

수강생들과 함께 글을 쓰고 합평도 받았다. 쥐구멍에 숨고 싶을 정도로 한없이 초라하고 부끄러울 때도 많다. 하지만 합평을 통해서 내 손에 쥐어진 막대기가 더욱 견고해지고 있다는 것을 깨달았다. 어느덧 한 편만 쓰고 말자던 다짐이 두 편, 세 편으로 이어졌다. 수필의 매력에 빠져들었다. 나그네와 같이 외롭던 나의 인생길에 친구들까지 덤으로 생겼다. 그래서 옛 어른들이 '인생지사 새옹지마'라 했나 보다.

팔 남매의 부모로 사노라니 웃을 일도 많고 마음 아픈 일도 많았다. 때로는 절망감에 내가 잡고 있던 삶에 가지를 놓고 싶을 때도 있었다. 사람들이 무심코 던진 말 한마디를 신경 쓰며 상처로 간직했다. 갑자기 집채만 한 금덩이가 생기는 것이 아니라면 내 생활에 큰 변화는 없을 것이다. 주변 사람들의 말을 내 맘에 들도록 강요할 수도 없다. 가슴이 쓰라릴 때마다 나를 위로해주는 책을 읽을 것이다.

책 읽기를 통해 삶의 희로애락을 풀어나갈 것이다. 가시 선인장 사이로 빨간 꽃을 활짝 피울 것이다. 책 읽기는 세상에서 가장 좋은 친구이자 스승이요 내 삶의 치료자다. 내 가정의 든든한 디딤돌이다.

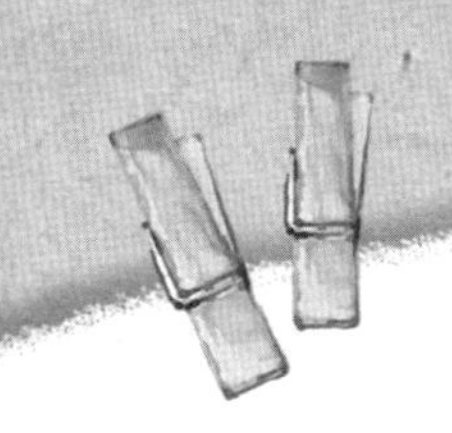

입소 후

훈련소에 아이를 입소시킨 후, 버스를 타고 내려오다 보니 가로수 사이로 쓸쓸히 부는 찬바람이 착잡한 마음을 한층 더 시리게 한다. 플라타너스 잎은 빛바랜 가을의 기억을 가지 끝에 매단 채 찬바람에 아우성이다. 그 모습이 마치 아이와의 사이에 놓지 못한 끈과 같아 쓸쓸함이 밀려온다.

겨울을 나기 위해 플라타너스는 나무 세포의 당도를 높인다고 한다. 이를 위해 세포 속에 가지고 있던 물을 1/3 상태까지 배출하기도 한다. 플라타너스는 무려 영하 70도의 혹한 속에서도 견딜 수 있는 생명력이 강한 나무다. 흰 눈이 펄펄 내리는 초겨울까지도 푸른 잎을 달고 있는 것들도 있고, 초봄에도 마른 낙엽을 매달고 떨궈내지 못하고 있기도 한다. 그래서인지 플라타너스는 다른 나무보다 게을러 보이기도 한다.

생장하는 힘이 워낙 왕성한 플라타너스는 활발하게 탄소동화작용을 하며 보무도 당당하게 혹한을 맞는 대견한 나무이다. 이런 모습이 아이의 성품과 닮아 평소에 나무를 볼 때마다 때론 애처롭게 때론 대견하게 여기며 바라보았다. 그런 나무를 아이를 훈련소에 입소시키고 나오는 길에 만났다. 아직도 마음속에서 아이를 내려놓지 못한 내 마음을 반추하는 까닭이리.

5주간의 짧지만 긴 이별의 시간이 아이와 나에게는 이별을 통해 깨닫게 되는 축복의 시간이 되리라 믿어 본다. 그동안 학교 다니면서 공부하기 바쁜 와중에도 집안일까지 도와주며 든든하고 의지가 되는 아들이었다. 고등학교 3년 동안 야자와 주자 한 번도 빠지지 않고 성실하게 공부했는데, 원하던 대학을 들어가지 못하고 풀이 죽어 집에서 지낼 때는 많이 속상하기도 했다.

아이 친구들 중에는 적성에 맞지 않아도 성적에 맞춰서 대학에 들어가 잘 생활하는 것 같은데, 입영 신청서를 제출하고 집에만 있는 아이를 달래 재수를 권했지만, 스스로 알아서 공부해 세무사가 되겠다며 내 말을 귓등으로도 안 들었다. 재수라도 해서 친구들처럼 대학에 들어가 공부하며 좀 더 쉬운 길을 갔으면 하는 욕심에 다그치고 야단치느라 1년을 허비한 것 같다. 아이가 제일 많이 속상해하고 고민하며 내린 결정일 터인데 안타까운 마음에 다그치기 바빴다. 그 와중에도 동생들 챙겨서 어린이집 보내고, 집안일 돕고, 세무회계 공부하느라 애썼는데 그런 모습마저 왜 그렇게 속상하고 화가 나던지.

부모가 돼서 아이를 많이 뒷바라지해 주지 못한 자책 때문이었나 보다. 그 어렵다던 수학 1등급 유지하며 성실하게 공부했는데, 다른 아이들처럼 부족한 과목을 보충하라고 학원도 과외도 시켜 시켜주지 못했다. 궁여지책으로 학습지라도 시켜주려 했지만, 여건이 안 되다 보니 속상함과 미안한 마음이 잔소리와 다그침으로만 전해졌나 보다. 지금 생각해 보니 참 철없는 부모였다. 부모 교육받고 부모가 된 것이 아닌지라 어설프고 시행착오도 많았으리라.

가을이 되면 나무는 겨울을 준비하기 위해 '떨켜층'를 만든다. 미생물이나 세균의 침입을 막고 수분이 빠져나가는 것을 예방하기 위함이다. 가을에 과일이나 나뭇잎이 쉽게 떨어지는 것도 이 때문이다. 눈보라 속에서도 나무에 애처롭게 매달려 있는 낙엽은 떨켜층이 만들어지지 않았기 때문이다. 한겨울 찬바람을 맞으며 영양을 공급받지 못하고, 나무에서 떨어지지도 못한 낙엽이 더 애처로워 보이는 것은 왜일까.

아이가 입소한 지 얼마 안 돼 큰 눈이 내렸다. 훈련소는 온통 눈 천지겠지. 낙엽과 함께 떨어진 씨앗들이 차가운 땅속에 파고들면 대지가 하얀 눈 속에서 바람과 태양의 숨결을 품고 새로운 삶을 잉태하겠지. 지금 당장은 온 대지가 얼어버려 생명을 멈춘 것 같지만, 눈 속에 묻혀 봄을 준비하는 씨앗처럼 아이가 새로운 세상에서 처음 경험하는 훈련을 통해 군 생활하며 몸과 마음이 성장하기를 믿는다. 훈련 마치고 어느 부대로 배치될지는 모르지만, 그곳에서 아이가 꿈꾸고 소망하는 세무사의 꿈도 단단히 여물어 가길 바란다.

아들아 네 삶의 주인은 바로 너 자신이란다. 네가 어떤 결정을 내리든 그 결정에 열정을 가지고 후회 없이 한번 해 보는 거야. 맘껏 해 보고 나서 실패해도 성공해도 내가 좋아해서 한 결정은 후회하지 않는단다. 어떤 결정이 더 행복한 삶인지 훈련 기간 동안 진지하게 고민해보는 소중한 시간이 될 거라 믿는다. 부모 된 마음은 네가 좋아하고 꿈꾸는 세무사가 되길 바라고 있다. 제대하고 학원이나 대학에 가서 한 걸음씩 차근차근 밟아 나가다 보면 멋진 우리 아들로 성장해 있겠지. 꼭 세무사가 아니어도 네가 좋아하는 일을 열심히 살고 있는 모습으로도 엄마에겐 멋진 아들이란다. 앞으로 2년의 군 복무 기간이 모든 것을 내려놓고 스스로 자립할 수 있는 떨켜의 시간이라 생각하고 본연의 모습을 찾아가는 귀한 시간이 되길 바래본다.

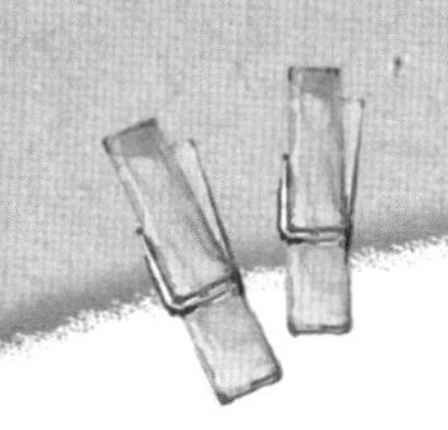

참새 살리기

어슴푸레 동이 트면 수많은 새들의 향연이 펼쳐진다. 아침잠 많은 우리 가족을 깨우는가. 알람에도 짜증을 내며 이불 속으로 파고들던 아이들이었다. 새들의 지저귐에는 저절로 눈을 뜨며 아침마다 새 구경에 나선다. 박새, 딱새들은 아이들의 인기척이 들리면 모습을 감춘다. 하지만 유독 참새만큼은 아랑곳하지 않고, 부지런히 텃밭을 헤집으며 풀씨나 지렁이를 찾노라 여념이 없다.

집 모퉁이에 앞집 아주머니가 일구는 조그만 텃밭이 있다. 도라지, 더덕, 가지, 시금치 등 유기농 먹거리가 지천이다. 담쟁이 씨앗도 어디서 날아왔는지 처마밑에 뿌리를 내렸다. 사시사철 세련되고 낭만적인 차이콥스키의 사계를 연출한다. 시멘트와 콘크리트 건물이 즐비한 도심 속에서 오아시스로 텃밭이 자리를 꿋꿋이 지키고 있다.

텃밭이 어찌 사람만을 위한 공간이랴. 풀 속에 숨어 사는 수많은 곤충과 애벌레가 있다. 흙 속에 뿌리내린 잡초와 그 잡초를 키워주는 미생물도 있다. 그들은 모두 텃밭을 지키는 또 하나의 하늘이며 우주이다. 부지런히 먹이를 찾아 날아오는 새들도 빠질 수 없는 텃밭의 일원이다.

하늘과 땅 사이를 나타내는 '사이'의 줄임말이 새가 되었다 한다. 새 한 종이 사라지면 백여 종의 생물이 사라진다는 연구 결과도 있다. 새는 하늘과 땅 사이를 아우르며 먹이 사냥을 하고 때론 누군가의 먹잇감이 되기도 한다. 번식하고 무리를 이뤄 창공을 누비며 사람과의 공존을 꿈꾸는 동물이다.

어린이집에서 돌아온 다섯 살, 여섯 살 남매가 다급한 목소리로 엄마를 불러댔다. 참새가 다쳤다고 빨리 와 보라는 것이다. 하던 일을 멈추고 나가 보니 참새는 가쁜 숨을 몰아쉬고 있었다. 주위를 지나던 개미가 참새 주위로 몰려들었다.

"안 돼, 참새 먹지 마, 참새 먹지 마."

아이들은 개미를 쫓으며 빨리 동물병원에 가자며 재촉한다. 병원에 가도 살릴 수 없다는 엄마의 말이 들릴 리 없다. 약상자를 꺼내다가 연고를 발라주고 밴드를 붙여주며 참새 살리기에 여념이 없다.

그런 노력에도 불구하고 참새는 소생할 기미가 보이지 않았다. 아이들은 이불을 덮어주면 깨어날 거라며 제 방으로 데리고 갔다. 아이들을 달래 조그만 종이 박스에 못 쓰는 천을 깔고 참새를 넣어주었다. 아이들은 아침마다 고운 노래를 들려준 참새에게 종알댔다.

"참새야, 이제는 우리가 노래해 줄게. 빨랑 일어나!" 하며 어린이집에서 배운 노래를 불러주다 잠이 들었다.

아이들은 꿈을 꾸는지 잠꼬대를 하며 뭐가 좋은지 까르르 웃는다. 손으로 뭔가를 잡는 시늉을 하며 꿈나라로 빠져들었다. 아마도 꿈속에서 새와 함께 하늘을 나는 꿈을 꾸는가 보다. 잠든 아이들의 모습이 천진하다. 참새를 넣어둔 종이 박스를 조심스럽게 꺼냈다. 아이들의 바람에도 불구하고 참새는 죽었다.

문득 어린 시절 기억이 떠올랐다. 어릴 적 보리 베기 철이면 보리밭 고랑에서 종다리 둥지를 발견하곤 했다. 황금물결로 출렁이는 보리밭 위에서 둥지 위를 맴돌며 부화하지 못한 알들을 지켜내려 애처로운 지저귐을 한다. 어린 마음에도 보리를 다 베어버리면 혹여 뱀의 먹잇감이 될까 봐 마음을 졸였다. 부모님을 졸라 둥지 주위의 보리를 베지 말라며 떼를 써 종다리에게 사나흘의 시간을 주기도 했다. 아기 새들과 하늘을 날며 행복하게 날 수 있도록 그 가족을 지켜주고 싶었다.

아이들이 잠든 시간에 담쟁이덩굴 아래에 참새를 묻어주었다. 마른 담쟁이 잎과 열매도 듬뿍 넣어 주었다. 영근 바람을 품어보지 못한 날개가 담쟁이덩굴을 타고 오르며 한껏 벙글기를 바라는 마음도 같이 묻었다. 벙근 날개에 깃든 바람이 다시금 열하(熱夏)의 태양을 받아 훨훨 날기를 바랐다. 실한 담쟁이덩굴에서 잎이 되고, 꽃이 되고 열매가 되어, 하늘을 향해 뻗어나가겠지. 다시 하늘을 느끼며, 하늘과 땅을 아우르는 새로운 바람으로 날갯짓하기를 바라며 흙을 덮어 주었다.

새들의 가벼운 날갯짓은 하늘과 땅 사이에 바람이 되어 새로운 생명으로 꿈 나래를 펼친다. 그 생명이 이 땅에 깊이 뿌리를 내려 땅속 깊이 숨결을 불어 넣어 준다. 그 숨결이 꽃이라는 이름으로 태어나 이 땅을 지키는 것이 아닐까. 신영복 님의 글 '바람이 되어 새날을 열고, 꽃이 되어 이 땅을 지킨다.'라는 글이 기시감으로 다가온다.

오늘도 어김없이 새벽이슬에 눈을 뜬 텃밭이 새들을 불러들인다. 귓가에 들리는 참새들의 지저귐이 짙푸른 담쟁이덩굴보다 더 맑고 싱그러운 하루를 열어준다. 아이들의 행복한 단잠을 깨우며 맑고 싱그러운 바람으로 새

날을 연다.

아이들이 단잠에서 깨어 참새를 찾는다. 밖에서 들리는 새소리에 달려나간 아이들이 조잘거림이 소란스럽다. “저 새가 내가 살려준 새다. 요 새가 내가 살려준 새다”라며 실랑이다.

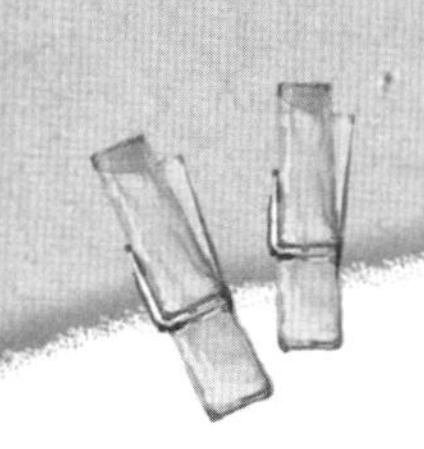

꿈을 연주하다

올여름은 유난히 가뭄과 폭염으로 힘들었던 날들이 많았다. 청명한 하늘 아래 폭염을 이겨낸 과일과 곡식이 익어가는 향기가 황금 들판에 진동하고 있다. 가을 들녘의 과일과 곡식들은 농부의 발소리를 듣고 자란다.

우리 가족이 드림스타트를 처음 만난 것은 6년 전이다. 그 당시 우리 가족은 연년생 늦둥이가 생겨 좀 더 좋은 환경의 집을 찾아 이사를 했다. 하지만 수중에 여윳돈이 넉넉지 않다 보니 좋은 집을 찾기가 쉽지 않았다. 그러구러 이사를 하고, 겨울이 되자 결로현상으로 인해 집안에 곰팡이가 생겨 집수리 문제로 집주인과의 불화가 생겼다. 불화는 불신으로 이어지고 집주인이 한밤중에 전화를 하며 말다툼으로 이어졌다. 아이들에 대한 미안함과 보다 더 좋은 환경에서 양육하지 못함에 대한 자책으로 감정이 앞서다 보니 옆에서 불안해하는 아이들이 눈에 들어오지 않았다.

어느 날 마음도 여리고 배려심이 많아 가장 잘 도와주던 아이에게 문제가 생겼다. 한밤중에 갑자기 잠자다 말고 갑자기 일어나 걸어 다니기도 하고, 말을 하며 밖으로 나가는 행동을 반복하며 애를 태웠다. 하늘이 무너지는 것 같고 어찌할 바를 몰라 답답한 마음에 모든 것이 내 탓인 것만 같아 눈물만 흘렸다. 모든 것을 포기하고 싶은 마음에 자포자기하고 있을 즈음에 드림스타트를 만났다.

드림스타트란 취약계층 아동에게 맞춤형 통합서비스를 무상으로 제공하여 아동의 건강한 성장과 발달 도모하는 기관이다. 대상자의 복합적인 욕구를 파악하여 지역자원과 연계해 아이들에게 공평한 출발 기회를 보장함으로써 건강하고 행복한 사회구성원으로 성장하도록 지원하기 위한 취지로 설립되었다.

아이는 드림스타트에서 연계해 준 곳에서 심리치료를 받고 몽유병 증상이 차츰 사라졌다. 얼마 후 드림스타트에 꼬마악단이 창단되자, 아이에게 첼로를 배울 것을 권유했다. 첼로는 따뜻한 음색과 풍부한 울림으로 많은 사람들의 사랑을 받고 있는 악기이다. 연주할 때도 심장과 가장 가까운 악기이기에 사람이 가장 편안하게 느끼는 악기라서 아이에게 좋을 것 같은 마음이 먼저였다. 시나브로 사소한 일에도 불안하고 초조해하던 아이의 성격이 밝은 성격으로 바뀌었다.

다둥이를 키우는 엄마로 살다 보니 아이들에게 해 줄 수 있는 것보다 못 해주는 게 더 많다. 남들처럼 학원을 다니거나 가족여행을 하는 것은 꿈만 같은 일이다. 늦둥이 남매 돌보며 살림하다 보면, 내 손길이 못 미칠 때가 많은 게 현실이다. 한창 하고 싶은 것도 많고, 먹고 싶은 것들도 많은 아이들이 가난한 부모로 인해 쉽게 체념하는 법 먼저 배우는 게 아닌지 속상할 때가 많다. 그럴 때마다 드림스타트에서 학습, 문화 체험, 교육 체험, 악기 배우기 등 다양한 프로그램에 참석할 수 있도록 지원해 주며, 아이들에게 용기를 잃지 않도록 손을 내밀어 주곤 한다. 며칠 전에는 에버랜드로 가족 여행을 다녀왔다. 에버랜드 곳곳을 내 집 앞마당처럼 뛰어다니며 좋아하는 아이들과 행복한 시간을 보냈다.

갑자기 내린 된서리에 은행나무 가로수 길은 황금 비단을 깔아놓은 것 같다. 스치는 바람에 가을을 머금은 낙엽이 하롱하롱 하늘거리며 내 발걸음을 붙잡는다. 겨울이 오면 이제 아이는 중학생이 되어 드림스타트를 떠난다. 힘들 때마다 곡식을 돌보는 농부처럼 챙겨주시고 관심 가져 주신 드림스타트 선생님들과 정이 많이 들었는데, 작별해야 된다고 생각하니 섭섭한가 보다.

오늘은 꼬마악단 발표회를 하는 날이다. 아이와 함께 발표회장으로 가는 길에 은행잎이 사그락사그락 밟히며 폭신한 길을 만들어 준다. 언젠가 아이가 첼로 배우는 것도 좋지만, 드림스타트는 가난한 사람들이 다니는 곳이라 그만 다니고 싶다고 했을 때 해 준 말이 떠오른다.

"가난은 부끄러운 것이 아니지만, 가난 때문에 미래의 꿈을 포기하고 사는 것이 부끄러운 일이란다. 드림스타트는 취약 계층의 아이들이 건강하고 행복한 세상을 꿈꿀 수 있도록 공평한 출발 기회를 보장해 주기 위해 도움을 주는 곳이란다. 드림스타트를 통해 많은 것을 받았으니 건강하고 행복한 사회구성원으로 성장해서 받은 것보다 더 많이 돌려주는 사람이 되어라."

발표회장으로 가는 발걸음이 마냥 기분이 좋은 이유는 드림스타트라는 디딤돌을 딛고 더 큰 세상을 향해 힘차게 출발하는 꿈의 출발점에 당당히 섰기 때문이리라.

랄랄라 임어송 책 소풍

해마다 꽃샘바람이 기승을 부리기 시작하면 산에 들에 진달래와 개나리가 꽃망울을 터트리며 봄소식을 전한다. 봄꽃이 만발하는 4월 본격적인 꽃놀이 시즌이 돌아왔다. 매년 벚꽃이 만개하는 시기가 아이들과 봄 소풍 가기 딱 좋은 때다. 어디로 소풍을 갈까 고민하던 차에 남산에 벚꽃이 활짝 피었다는 소식들이 들려왔다. 남산으로 봄 소풍을 가는 길에 당진문화예술학교 블랙박스 공연장에서 온 가족이 함께하는 랄랄라 임어송 책 소풍이 있다는 연락을 받았다.

책 소풍이란 단어가 낯설지만, 책 이야기와 노래가 있다는 설명에 봄볕처럼 따뜻한 날을 우아하고 신나게 아이들과 함께 추억을 만들고 싶어 책 소풍을 떠났다. 공연장에 도착하니 당진소년소녀합창단의 아름다운 화음으로 버무린 음악도시락 뚜껑이 열렸다. 신선하고 특별함이 느껴지는 김정녀 작사, 작곡 '어른이 되는 시험', '나를 꼭꼭 믿어줘'를 손지애 지휘자의 지휘 아래 상큼하고 신선한 선율로 책 맛을 돋워 주었다.

훈훈한 외모로 바라보기만 해도 맘이 저절로 따뜻해지는 피아니스트 어등경의 피아노 반주 'Forest' 애피타이저로 책 먹을 준비를 완료했다.

학창 시절 『행복은 성적순이 아니잖아요.』라는 책을 읽으며 임정진 작가의 팬이 되었다. 직장 생활하고, 결혼해서 아이 키우느라 시나브로 기억 저편으로 잊고 지내던 임정진 작가가 내 눈에 있다니 꿈만 같다. 임 작가의 스토리텔링 '금바우 이야기'를 들으며 황금만능주의 속에서 소중함을 놓치고 사는 우리들에게 들려주는 작은 것에 대한 희망을 선물 받았다.

이야기도시락 첫 번째 시간은 송미경 작가가 들려주는 '가정통신문 소동' 낭독 시간. 비둘기 초등학교 새로 부임한 교장 선생님이 보낸 이상한 가정통신문을 받고 벌어지는 기이한 일들이 시작된다. 놀이공원에 가서 놀이기구를 네 가지 이상 타고 사진이나 그림 제출하기, 아이가 좋아하는 게임을 3시간 하고 진 사람이 소감문 쓰기, 학부모들은 어리둥절하지만 교장 선생님이 내주는 숙제를 열심히 한다.

평소 놀이를 귀찮아하던 부모님이 길고 긴 감상문을 쓰기 싫어 기를 쓰고 놀이에 열을 올리는 부분에서는 폭소를 자아내는 진풍경이었다. 급기야 댄스파티가 있다는 통신문까지 받게 되며 가족 전부 모여서 춤을 연습하는 일까지 생긴다. 시나브로 귀찮고 번거로웠던 가정통신문이 기다려지는 가정통신문이 되었다. 교장 선생님의 가정통신문대로 하면서 부모와 아이들, 나아가 마을 전체가 소통하고 이야기를 나누는 과정을 유쾌하게 담고 있는 이야기도시락을 아이들과 함께 너무 맛있게 먹었다.

송미경 작가가 가장 아끼는 동화 『어떤 아이가』는 으랏차차 가족뮤지컬로 진행되고 있다고 한다. 아름다운 외모에 낭랑한 목소리까지 겸비한 송미경 동화 작가가 직접 들려주는 이야기도시락이라서 그런지 시간 가는 줄 모르고 흠뻑 빠져들었다. 맛있는 이야기도시락을 맛있게 먹었으니 소화시킬 겸 장기자랑 시간이 이어졌다. '멋진 소풍'으로 사행 시 짓는 시간, 잘 지은 사행 시는 선별해서 상품도 준다고 해 아이들과 함께 머리를 맞대고 사행 시를 완성했다.

두 번째 음악도시락은 목선철 국민서관 편집실장과 양정우 드라마 음악 감독의 듀엣 송 'Fly me to the Moon' 공연장 안에 달빛이 꽉 찬 것처럼 달빛 조명을 받으며, 임정진 작가의 두번째 이야기 도시락 '맛있는 구름 콩'을 먹었다. 달빛 아래에서, 구름이 되고, 대지를 촉촉이 적시는 봄비도 되어 땅속 세상을 여행하다 수증기가 되어 벚꽃 잎과 하늘거리며 유희하다 보니 내 앞에 멋진 선물이 놓여있었다. 장기자랑 시간에 지은 사행 시가 당첨돼 송미경 작가가 가장 아끼는『어떤 아이가』를 선물 받았다.

임정진 작가는 국제아동청소년도서협의회(KBBY)에서 2017~2018년 회장으로 활동하고 계신다고 한다. KBBY는 국제기구인 IBBY의 한국지부로 여러 국제 도서전에서 한국 어린이책 부스도 운영하며 세계에 한국 어린이책을 알리기 위해 활동하고 있다. KBBY 회원으로 활동하고 있는 이들은 어린이책과 연관된 일러스트레이터, 편집자, 저작권 에이전시, 어린이책 연구자, 그림책 작가, 사서, 스토리텔러 어린이독서운동가 등이다.

KBBY는 IBBY에서 시행하는 각종 추천 도서목록 작성에 한국 어린이책이 선정되도록 도서를 추천하고 국제안데르센 아동문학상과 린드그렌 상 후보 BIB 비엔날레에 한국 작가와 작품을 추천하는 권한도 갖고 있어 한국 어린이책을 세계에 알리는 데 주력하고 있다.

어느덧 책 소풍이 막을 내릴 시간이다. 아쉬운 마음에 책 소풍 나온 모든 사람들이 함께 '아름다운 세상', '고향의 봄'을 부르며 기념촬영도 했다. 천방지축 우리 막내 단체 사진 찍어준다며 고집부리는데, 임어송 멤버들이 끝까지 기다려주며 배려해 주는 미덕을 발휘해 주시는 모습들이 천상 동화 작가구나 싶다. 아이들과 함께 준비해 가져간 동화책과 사행 시 당첨으로 선물 받은 동화책에 작가들의 사인도 받았다.

좌측에 송미경 우측엔 임정진 동화 작가와 함께 기념촬영도 했다. 이런 호사를 책 소풍이 아닌 어디에서 누려볼 수 있겠는가. 얘들아 임정진 동화 작가와 송미경 작가의 선한 영향력을 듬뿍 받아 건강하고 멋지게 자라렴. 오늘 하루 랄랄라 임어송 책 소풍에서 음악도시락과 이야기도시락을 맘껏 먹으며 동화 속 아름다운 세상을 맘껏 꿈꿔 보았다.

아이들과 함께 넉넉해진 마음으로 남산 산책로를 따라 내려왔다. 흐드러지게 핀 남산 왕 벚꽃이 바람에 눈꽃이 되어 내린다. 꽃눈을 맞으며 꽃 대궐을 걷는 발걸음이 마냥 행복한 건 사랑하는 아이들과 함께 행복이 가득한 책 소풍을 만난 까닭이다.

바이올린과 콩나물

매주 토요일 오후 2시에 우리 가족은 남산 산책길을 오른다. 왕 벚꽃이 흐드러지게 핀 꽃길을 따라 걸으며 시작된 남산행은 신록이 무르익은 한여름에 소나기와 같은 땀을 쏟아내면서도 멈출 수 없었다. 가을 서리가 내리자 울긋불긋 단풍이 장관을 이루었다. 가을비가 세차게 내리고 난 뒤 남산 산책로는 오색단풍잎이 레드 카펫처럼 발걸음을 인도해 준다. '사그락사그락' 소리를 내며 낙엽은 늦가을 마지막 아우성이다.

매주 토요일 오후 2시에 문화예술학교에서 가족 오케스트라 수업이 있다. 최종 발표회를 일주일 앞두고 있어서 마음은 천근만근이다. 사춘기를 겪어내는 아이들과의 소통의 통로와 정서함양을 모색하던 중에 좋은 기회다 싶어 신청했다. 국비로 진행하는 가족 오케스트라다. 아이들이 악기연주를 통해 삶의 여백을 즐기길 바라는 마음이 가장 컸다.

나의 초등학교 시절에는 피아노는 고사하고 그 흔한 리코더조차 구경하기 어려웠다. 학교에 유일하게 있는 풍금을 연주할 수 있는 사람은 오직 한 분 여자 선생님이셨다. 아이들이 호기심에 풍금 뚜껑을 열고 건반을 누르려면 즉각 호랑이 선생님의 불호령이 떨어지기 일쑤였다. 유일하게 다룬

악기라고 해봤자 소고채로 소고를 네 박자에 맞춰 두드린 기억밖에 없다. 그러니 악기는 특별한 사람이나 다루는 것이려니 하며 살아왔다. 지천명이 가까운 나이에 바이올린을 배워야 한다니 하늘이 노랗기만 했다.

첫 수업이 시작되고 선생님의 지도 아래 유치원 아이들도 쉽게 연주한다는 '반짝반짝 작은 별'을 연주하였다. 그런데 이게 웬일인가. 낮은음 도와 높은음 도 외에는 모든 음표가 오선지 위에 놓인 콩나물로 보이며, 머릿속이 까맣게 변했다. 선생님은 바이올린 첫 번째 줄은 엄마 줄, 두 번째 줄은 아빠 줄, 세 번째 줄은 할머니 줄, 네 번째 줄은 할아버지 줄이라고 하셨다. 아빠 줄 1번, 엄마 줄 2번……. 이런 방법으로 바이올린 연주법을 가르쳐 주시니 자신감이 생겼다. 하지만 악보만 보면 머릿속이 까맣게 변하여 무슨 줄 몇 번을 잡고 활을 켜야 할지 난감했다. 할 수 없이 엄마 줄은 분홍색 형광펜을, 할머니 줄은 초록색 형광펜을, 할아버지 줄은 파란색 형광펜을 칠해 구분을 하여 연습을 했다.

3개월의 연습 시간이 나에게는 바이올린에 처음 입문한 연주자에게 주어진 카덴차*와 같은 시간이길 바랬다. 하지만 맘껏 즐겨야 할 시간이 아니라 무엇을 어찌해야 할지 몰라 당혹스러운 시간이었다. '나 하나쯤은 연주하는 흉내만 내며 시간을 메워도 되겠지.' 하는 생각으로 연습을 했다. 중간발표를 한 달쯤 앞두고 각 파트가 한자리에 모여 합주 시간을 가졌다. 각 파트가 모여 화음이 조화를 이루자 공중에 지은 집과 같던 연주가 반석 위에 내려앉은 집처럼 윤곽이 보이기 시작했다.

---

* 카덴차 : 악곡이나 악장이 끝나기 직전에 독주자나 독창자가 연주하는 기교적이고 화려한 부분을 말한다.

문득 초등학교 시절에 소박했던 합주회가 떠올랐다. 학교에 비치된 리듬악기를 모두 그러모으니 큰북, 작은북, 심벌즈, 트라이앵글, 캐스터네츠, 탬버린이 전부였다. 파트별로 소리를 내며 화음을 만들어 내는 법을 선생님이 지도해 주셨다. 어린 마음에 근사해 보이는 심벌즈 파트가 주어지길 바랐다. 하지만 나에게는 클라이맥스 부분에서 두세 번 크게 북채를 쳐야만 하는 큰북 파트가 맡겨졌다. 큰북 파트는 꿔다 놓은 보릿자루처럼 가만히 앉아 있다가 두세 번만 치면 된다는 생각에 없어도 되는 파트 같았다. 실망스러운 마음에 내 파트에서 힘없이 큰북을 쳤다. 흥겹던 합주에 큰북 소리가 제 역할을 못 하자 합주가 엉망이 되었다.

"리듬 합주는 큰북의 역할이 가장 중요합니다. 큰북이 크게 소리를 내줘야 리듬 합주가 제대로 살아나는 것이니, 정확한 시점에 크게 울려줘야 합니다."

조용한 미소로 타이르시던 선생님 말씀에 그만 홍당무처럼 얼굴이 붉어졌던 기억이 났다.

중간 발표회를 하면서 바이올린 파트가 정확하게 음을 내줄 때 아름다운 선율이 살아나는 것을 느꼈다. 아울러 다른 파트의 악기들이 맡은 부분의 화음을 연주해냄으로 부족한 실력의 초보 바이올린 파트가 한껏 살아나는 것을 경험할 수 있었다.

은행잎이 남산 산책로에 노랗게 내려앉았다. 늦가을의 오만함이 서릿발을 세우며 '추상'이란 이름으로 숲속의 나무를 앙상하게 만들었다. 오직 소나무만이 질풍지경초(疾風知勁草)인 양 고고히 높아진 가을 하늘빛을 받아 더욱 짙푸른 빛을 띠고 있다.

또다시 3개월의 연습 끝에 최종 발표회가 코앞으로 다가왔다. 합주할 곡이 네 곡이 더 추가되었다. 아직도 내 눈엔 오선지 위에 음표들이 콩나물로 보일 때가 많다. 하지만 아이들과 함께 걷던 남산 산책로는 소중한 추억의 길이다. 토요일 오후 2시 산책길이 우리 가족에게는 일상 속에 주어진 삶의 여백이었다. 가을 낙엽이 부엽토가 되어 나무를 북돋우는 것처럼 가족 오케스트라는 우리 가족이 일구어 놓은 삶을 기름지게 하는 윤활유이다.

나눔 콘서트

당진문화연대에서 주관하는 신년음악회가 열린다고 해 아이와 함께 당진문화예술학교로 향했다. 어둠이 내려앉은 남산으로 아이와 함께 오르막길을 걷다 보니 힘들기도 하고, 찬바람에 코끝이 매섭기만 하다. 시나브로 찬바람이 상쾌하게 느껴지는 것이 한겨울에 논에서 썰매를 타다 꽁꽁 언 손으로 구운 고구마와 살얼음 둥둥 떠 있는 동치미를 같이 먹는 기분이다.

나눔 콘서트는 문화예술을 사랑하는 사람들이 모여 예술을 진솔하게 만날 수 있는 시간이다. 또한 복지 사각지대에 놓인 한 아동을 돕고자 하는 노력의 일환으로 출연진들의 재능기부도 이어지고 있다.

매달 둘째 주 화요일 오후 7시에 성악가들이 진행하는 음악 콘서트, 작가와의 만남, 합주회 등 다양한 형식의 나눔 콘서트를 하고 있다. 작년 연말 콘서트에는 공광규, 류미야 시인과의 대담, 작곡가 겸 가수인 신재창과 함께 시와 노래가 어우러진 감미로운 힐링의 시간도 가졌다.

강수연 피아니스트가 '보헤미안 랩소디'의 한 장면을 연주하며 신년 음악회의 포문을 열었다. 프레디 머큐리 못지않은 아우라를 풍기는 피아노 연주에 청중들을 순식간에 감동의 도가니에 빠져들게 하는 박진감 넘치는 연주였다.

김태선 바리톤의 '가고파'와 소프라노 최수안의 '강 건너 봄이 오듯'에 흠뻑 빠져들어 저 멀리 산등성이에 엉거주춤 걸터앉아 있는 봄을 미리 당겨 느껴 보았다.

테너 정진영의 '희망의 나라로'와 소프라노 허정임의 '봄의 왈츠'와 듀엣으로 부르는 위트 넘치는 앙상블을 듣다 보니, 한겨울에 양지바른 시냇가에 망실망실 피어난 버들강아지를 만난 것처럼 마음이 훈훈해지는 것이 콘서트장에 봄기운이 완연하다.

마지막 곡 '푸니쿨리 푸니쿨라'는 케이블카를 홍보하기 위해 만들어진 곡이라고 한다.

'케이블카가 움직입니다. 빨리빨리'라는 가사로, 우리나라에서도 잘 불리는 이 노래는 밝고, 즐거운 활기에 넘친 나폴리의 노래이다.

나폴리의 동쪽 12킬로미터 떨어진 곳에 있는 유명한 베스비오 화산에 처음으로 케이블카가 개통된다. 사람들이 화산으로 인해 겁을 내 이용자가 없자 케이블카를 설치한 코머스 쿡이라는 사람이 이 노래를 만들게 해서 피에디그로타 가요제에 참가시킨다.

이 곡이 폭발적으로 유행되며 케이블카의 손님도 순식간에 불어났다. 역시 음악의 힘은 화산에 대한 두려움에 망설이던 사람들의 마음을 열어 경쾌한 왈츠 선율처럼 호기심 가득한 동심으로 바꾸는 힘을 가지고 있나 보다.

신년음악회를 마치고 당진문화연대 역할에 대해 알아보았다. 문화연대는 문화예술에 관련된 정책 제안과 문화예술정책 비판을 통해 문화 민주주의를 실현하고, 문화 다양성과 공정한 문화산업 생태계를 조성하고 있다. 급격한 산업화 과정에서 놓치고 살았던 문화예술이 당진시민들의 삶에 윤활제 역할을 하며, 창조자와 수용자가 아닌 예술적 체험을 통해 창조적 욕구를 실현해 가면서 시민의 행복도를 높이는 데 기여도 하고 있다. 또한 예술가들의 재능기부로 마련한 기금으로 미력하나마 복지 사각지대에 있는 아이들을 지속적으로 돕고 있다고 한다.

앞으로 지역 예술인 그리고 시민의 연대의 다리가 되어 문화예술의 영향력이 개인적 차원에 머물러 있는 것이 아니라, 사회적 소통과 관계 회복으로 이어져 문화예술 공동체를 이룰 수 있도록 노력하겠다고 하니, 당진문화연대의 역할이 기대된다. 또한 골대를 향해서 질주할 때 심판이 오프사이드를 외치면 반칙인 것처럼 문화예술계를 향해 반칙하지 말라는 신호를 줄 수 있는 역할을 하는 것이 문화연대의 힘이라고 한다.

마지막으로 당진 문화계의 중추 역할을 하는 문화연대가 되기 위해 힘쓰겠다며 노벨상을 수상한 귄터 그라스의 시를 소개했다.

밤의 경기장

귄터 그라스

천천히 축구공이 하늘로 떠올랐다
그때 사람들은 관중석이 꽉 차 있는 것을 보았다
고독하게 시인은 골대 앞에 서 있었고
그러나 심판은 호각을 불었다 오프사이드

제 4 부

천사처럼 순수하고 사랑처럼 달콤한 커피

참샘골 농원

호박 한 덩이로 인생을 바꾼 25년 차 호박 농부가 있다는 소식을 들었다. 당진 농업기술대학 농촌체험 수강생들과 함께 역량 강화와 정보교류를 통한 상호 발전을 도모하기 위해 사시사철 호박이 익어가는 참샘골 농원으로 향했다.

참샘골 호박 농원에 도착하니 최근명 대표가 반갑게 맞아 주었다. 꽃샘바람에 배여 있는 호박 익어가는 향기가 상쾌하니 오늘 하루는 호박이 넝쿨째 굴러들어온 것처럼 알찬 날일 것 같은 예감이다.

최 대표는 군대에서 복무하던 중 임진강가에서 젖소를 키우며, 우유 짜는 할아버지의 모습에 매료돼서 귀농을 결심한다. 제대 후 서산의 목장에서 일을 하다 참샘골 목장을 운영하며 큰 수익을 낸다. 1992년에 우루과이 라운드가 체결되자 사양길을 걷는 낙농을 접고 다른 일에 투자했다 4전 5기의 뼈아픈 경험도 한다.

버섯농장 실패 후 남은 버섯을 처분하고 서울에 취업하기 위해 가락시장을 찾았다. 그곳에서 한여름임에도 전년 가을에 수확한 호박을 판매하는 노인을 만나 호박의 보관 방법을 묻자, 직접 저장법을 개발하라는 말을 듣는다.

문득 어릴 적 할머니께서 시렁에 호박을 올려놓고, 겨우내 호박죽을 끓여 주던 기억이 떠올랐다. 즉시 귀가해 버섯 하우스 균상만 뜯어다가 현대식 하우스에 접목해 대한민국에서 최초로 호박 상온 장기저장법을 개발해 신지식인이 됐다. 처음에 상온저장실을 짓는다고 했을 때, 농업기술센터 직원들조차 무모한 일이라며 말렸다. 설상가상으로 첫해에 농사지어 보관하던 호박 2000통을 고스란히 썩혀 버려야 했다. 포기하지 않고 계속 도전해 적절한 습도와 온도를 찾아내고 환기를 해 가며 저장법을 개발했다.

창고 한쪽에 쌓여 있는 것이 무엇인지 궁금해 물어봤더니 호박 넝쿨손이란다. 동의보감에 임신 초기에 호박손을 달여 마시면, 자궁을 보호하고 출혈을 막아 유산을 예방하는 효과가 있다고 전하고 있다. 지금도 조산기와 자궁 뭉침 등에 약재로 사용되고 있다. 참샘골 농원에서도 소포장으로 판매를 하고 있다고 한다. 수확이 끝나면 버려지던 넝쿨손에 이렇게 놀라운 효능이 있다니, 그래서 뜻밖에 횡재가 생겼을 때 사람들이 '호박이 넝쿨째 들어왔다' 하나 보다.

호박으로 명소가 된 회포마을은 서해 바닷물이 마을 어귀까지 들어왔다 다시 돌아간다 해서 회포라고 불려 왔다. 아름다운 전원 풍경과 호박, 호박고구마, 고추 등 특산물과 벼농사 등을 활용해 매해 7000명 이상의 도시민이나 학생들이 다양한 체험을 할 수 있는 프로그램을 만들어 수익을 올리고 있다. 농촌체험 수강생들과 함께 칼국수와 호박전 만들기 체험을 했다. 우리 밀에 호박을 갈아 넣고 반죽을 했다. 물 없이 호박만으로 반죽이 될까 싶었는데, 반죽을 치대다 보니 시나브로 노랗게 색깔이 변하며 예쁜 반죽이 되었다.

동그랗게 뭉쳐놓은 반죽을 밀가루를 뿌려주며 밀대로 밀어 넓게 펴준 후 썰어 칼국수 면을 만들었다. 회포마을 주민들이 바다에서 직접 채취해 온 바지락과 감자를 썰어 넣고, 끓인 육수에 칼국수 면과 채소를 넣고, 보글보글 끓여 주니 맛있는 칼국수가 완성이 됐다.

늙은 호박에는 카로티노이드, 식이섬유, 미네랄 성분이 다량 함유되어 있어 위장 운동을 활발하게 해주고 변비를 없애주는 효과가 있다. 비타민A와 비타민E 함유량도 다량으로 들어있어 시력 감퇴를 예방하고, 야맹증 개선에 도움을 주는 건강식품이라고 하니 정말 호박 하나로 많은 사람들의 인생이 바뀔만하다.

호박을 갈아 만든 전과 칼국수를 파김치와 배추김치를 곁들여 맛있게 먹었다. 체험마을에서 사용하는 모든 재료는 마을에서 생산된 것만 사용하고 생산되지 않는 것은 국내산을 사용한다 한다.

맛있는 칼국수를 먹고 밖에 나오니 전통놀이 체험장이 보인다. 이곳에서는 벼를 훑대로 훑어보기도 하고, 탈곡기에 탈곡해보며, 지게로 볏 가마도 져보고, 맷돌도 돌려보고, 디딜방아에 곡식도 찧으며, 조상들이 이렇게 해서 쌀 한 톨을 먹었다는 걸 알아보는 농사 이야기를 들려준다고 한다.

트랙터에 연결한 관광열차를 타고 마을 해설사가 시골 정거장에 얽힌 유례를 들려주며 마을 정거장을 덜컹 덜커덩거리며 하는 자연문화체험은 남녀노소 누구나 좋아하는 프로그램이다.

실질적인 농촌다움을 경험하게 하는 것이 농촌체험의 방향이고, 지역이 지닌 자연환경을 활용한 농촌다움을 그대로 갖고 가야 체험객에게 공감과 호응을 얻을 수 있다.

그동안 농업의 경쟁력은 바깥에서 찾아야 한다고 생각했는데 오늘 회포마을을 돌아보고 나서 답은 농촌다움에 있다는 걸 깨닫고 돌아왔다.

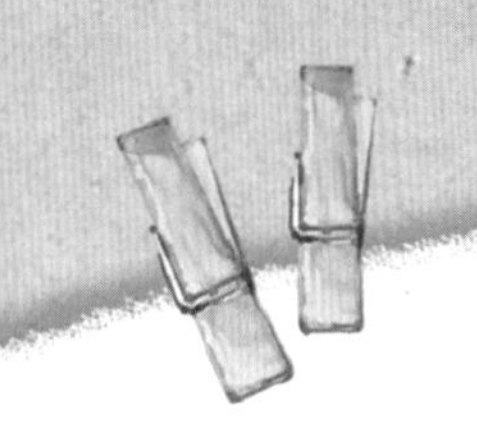

어린이 농부체험

여름방학을 맞이해 도시농업관리사들과 함께 하는 어린이 농부체험 수업이 8월 1일~2일 이틀 동안 있었다. 도시농업이란 상자 텃밭, 옥상 텃밭 정원, 베란다 정원 등 생활 주변의 다양한 공간을 활용한 농업을 일컫는다. 또한 생물다양성 보전, 기후조절, 대기정화, 토양보전, 공동체 문화, 정서 함양, 여가 지원, 교육, 복지 등 농업이 갖는 다원적 가치를 도시에서 구현하며 지속 가능한 도시 농업으로서의 기능을 수행하는 것을 일컫고 있다.

친구들에게 참여 동기를 들어보았다. 친구와 함께 참석한 친구, 농부체험이 무얼까 궁금해 참석한 친구, 집에 혼자 있기 심심해 참석한 친구, 부모님의 강요에 억지로 왔다는 친구 등 동기가 다양했다. 첫날이라 서로 데면데면해 분위기도 바꿔 볼 겸 누가 더 많이 친구 이름 알아 오나 시합하기 시간을 가졌다. 처음엔 주춤주춤하던 친구들 서로 인사하며 이름을 알려주는 사이 좀 친해졌다.

텃밭 팀과 정원 팀 두 조로 나누어 텃밭 정원에 나가서 도시농업관리사 선생님과 함께 작물의 특성을 알아보고, 허브 식물을 채취해 향기도 맡아보고, 식물의 한살이와 재배 방법 등을 알아보았다.

친구들이 채취한 식물로 24장의 식물 카드를 완성해 먼저 12종류의 식물 카드를 짝을 맞추어 찾는 팀이 우승하는 메모리 카드 게임을 진행했다. 집중력, 기억력, 판단력, 관찰력에 협동심까지 필요로 하는 게임이라 한번 시작하면 팀원 모두 한마음이 되어 시간 가는 줄 모르고 진행할 정도로 친구들이 좋아하는 게임이다.

처음엔 학교도 다르고 사는 곳도 다르다 보니 데면데면하던 친구들이었는데, 같이 텃밭 정원도 둘러보고 메모리 카드 게임도 하다 보니 시나브로 스스럼없는 사이가 되었다. 신나게 메모리 카드 놀이를 마치고 여름철 필수품 벌레 물렸을 때 바르는 천연 버물리밤도 만들며, 벌레들이 싫어하는 식물에 대해서 알아보고 도시농업에 어떻게 사용하는지 알아보는 시간도 가졌다.

맘껏 웃고 떠들며 게임도 하고, 만들기를 하다 보니, 친구들 뱃속이 꼬르륵~ 꼬르륵~ 배고프다고 아우성이다. 도시농업관리사들이 재배한 텃밭 식물을 이용한 샌드위치와 텃밭 허브 식물을 활용해 음료를 만들어 맛있게 간식을 먹고 첫날 수업을 마쳤다. 처음에 부모의 강요에 억지로 왔다던 친구는 수업을 마치고 돌아가며 오늘 너무 행복한 시간이었다며, 행복하게 해주셔서 감사하다고 꾸벅 인사하고 갔다. 도시농업관리사 선생님들 완전 감동 받았다.

둘째 날은 옥수수의 한살이 알아보기와 관찰해 보는 시간을 가졌다. 밭에서 뽑아온 옥수수를 루페를 사용해 잎맥을 관찰하고, 아직 어린 옥수수를 잘라 어떻게 열매가 맺히는지 관찰해 보는 시간도 가졌다. 옥수수대 껍질을 벗겨 질겅질겅 껌처럼 씹어보기도 하고, 날 옥수수알을 먹어보았는데 의외로 식감도 좋고 단맛이 있어 아이들이 좋아했다.

한 친구가 옥수수 수염이 왜 달려 있는지 질문을 했다. 도시농업관리사 선생님과 함께 옥수수를 반으로 잘라 보니, 옥수수 수염 한 가닥에 옥수수 알이 하나씩 매달려 있었다. 옥수수 수염을 다 뽑아 버리면 맛있는 옥수수를 먹을 수 없다고 하니 어린이 친구들이 참 신기하다며 아우성이다.

옥수수 껍질을 벗겨 삶는 동안 옥수수 껍질로 멋진 옥수수 인형도 만들었다. 무심코 쓰레기로 버려지던 옥수수 껍질을 만들기 재료로 사용해 멋진 인형으로 변신하다니 오늘은 신기한 일의 연속이다.

어느덧 시간이 훌쩍 지나 수업 마무리할 시간이다. 조별로 수박화채를 만들어 친구들과 나누고, 삶은 옥수수도 맛있게 먹었다. 첫날 자리 바꾸기 할 때 싫다고 하던 친구들도 이틀 동안 수업하며 함께 활동하다 보니 금세 친구가 되었다.

이틀 동안 함께한 친구들 도시농업관리사 선생님들과 헤어지기 아쉬워 수업하면서 느낀 나에게 도시농부란? 소감을 화이트보드에 적어보는 시간을 가졌다.

새로운 경험을 했다. 평소에 잘 못 해본 활동을 해서 재밌고 좋았다. 맛있는 것도 만들고 재밌는 활동을 해서 다음에 또 오고 싶다. 여러 종류 식물에 대해서 많이 알았고 여러 가지 체험활동을 해서 좋았고 도시농업관리사 선생님께 감사하다. 다양한 종류의 식물을 직접 보니 신기했다. 샌드위치가 제일 맛있었다. 평소에 집에서 잘 못 했던 것을 체험하고 느낄 수 있어서 좋았다. 집순이로 지내다 자연과 새로운 친구도 만나고 재밌고 좋았다. 방학엔 집순이었는데 올해는 알찬 방학을 보낸 것 같아서 좋았다. 내가 좋아하는 식물들 종류를 알아서 좋았고, 친구를 사귀어서 좋은 추억 하나 만들었다. 방학 동안 또 하나의 추억이 되었다.

친구들의 소감을 읽다 보니 마음이 뿌듯하기도 하고 방학엔 집순이로 지냈다는 문구에선 마음이 짠~하기도 하다.

도 · 농 복합도시 당진에서 맞벌이와 핵가족화로 인해 방학이 되어도 다양한 체험 거리가 부족한 우리 아이들에게 도시농업관리사들과 함께한 이틀간의 수업이 소중한 추억으로 간직되길 바래본다. 앞으로 이런 수업이 더욱더 많아져 우리 아이들이 다양한 농부체험을 많이 했으면 좋겠다.

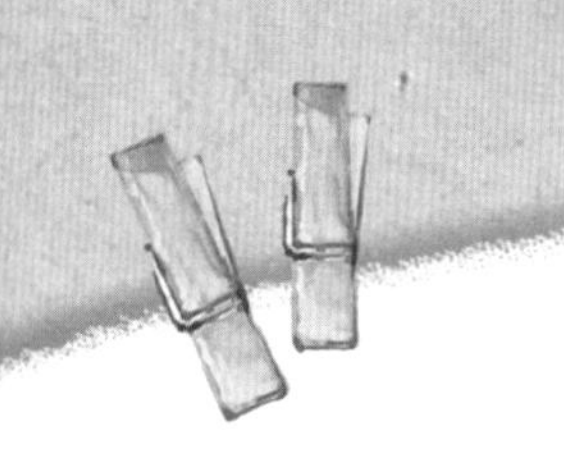

농업은 생명, 농촌은 미래

농업기술대학 입학식이 있어 센터로 행했다. 정문 옆 현수막 설치대 위쪽에 '농업은 생명 농촌은 미래'라는 문구를 보며 학창 시절 한 장면이 떠올랐다.

매년 학기 초가 되면 설문지를 나눠주며 특기, 장점, 단점, 장래 희망 등을 조사했다. 집에 돌아와 내가 잘하는 게 무언지, 어떤 일을 해야 행복할 건지 이리저리 궁리 끝에 농부가 되면 어떨까라는 생각에 이르렀다. 하지만 농부로 살기에 현실은 녹록지 않았다. 산업화의 야기로 농촌은 점점 소외되고, 많은 농부들은 내 자식만은 흙만 파고 살게 하지 않겠다며 전답을 팔아 자식들을 도시로 보내기에 바빴다. 일 년 농사로 번듯한 삶을 살기에는 현실이 녹록지 않았다. 며칠을 생각해도 내가 꿈꾸는 행복하고 건강한 삶은 농업이라는 생각에 장래 희망란에 농부라고 써서 냈다. 다음날 선생님이 조용히 부르시더니 왜 하필이면 꿈이 농부냐고 물으셨다. 순간 당황해 할 말이 떠오르지 않아 빨갛게 얼굴만 붉혔었다.

까마득히 잊고 있던 '농자천하지대본'의 의미를 되새기며 어린 시절 농촌 풍경을 떠 올려 보았다. 봄이면 들과 산에서 나물 캐고, 한여름 밤이면 모깃불에 감자랑 옥수수를 구워 먹으며 밤하늘을 날아다니는 반딧불이를 잡느라 짧은 여름밤을 보내곤 했다. 가을에 바쁜 일손을 거들기 위해 고사리 손을 보태 가며 추수를 마치면, 긴긴 겨울밤 형제들과 화롯가에 앉아 고구마와 밤을 구워 먹으며 할머니가 들려주는 옛이야기를 듣곤 했다. 시나브로 세월이 흘러 직장생활과 결혼으로 인해 어릴 적 농촌풍경을 기억의 저편에 묻어두고 지냈다. 이번 기회를 통해 아이들과 농촌체험도 하고, 잘 사는 농촌의 미래를 모색하기 위해 '농촌체험과정'을 신청했다.

오늘 졸업하는 13기 농업기술대학 학생들은 생업에 종사하면서 양봉 과정, 농산물 가공 전문가 과정, 양념 채소 과정으로 분야를 나눠 공부했다. 살인적인 폭염과 긴 가뭄 속에서 오로지 농업혁신을 위해 열심히 전문지식을 탐구하고, 끊임없이 정진하는 모습을 통해 당진농업의 새로운 가능성도 발견했다.

농업인들이 모여 취약한 분야인 정보화 교육을 받으며 SNS를 통해 농산물을 홍보했다. 판매를 위해 주간에는 강소농 교육을 받고, 야간엔 파머스 마켓 과정을 공부했다. 쉽지 않았지만, 용기를 내어 센터 내에 부스를 설치해 우수 농산물을 시민들에게 선보이고, 맛을 보여주는 파머스마켓도 열었다. 예상외의 폭발적 반응으로 2000여 명이 넘는 소비자가 찾아와 소득 창출의 가능성을 확인하는 소중한 경험을 하며 자신감을 얻었다. 앞으로 더 많은 시민들에게 당진의 우수 농산물을 널리 알리고 홍보해 5000명 이상이 모일 수 있는 파머스마켓을 지속적으로 운영할 계획이라고 한다.

농산물 가공 전문가 과정에서 우수상을 받은 모심지 대표는 어머니께서 유기농으로 콩과 쌀농사를 짓고 있다고 한다. 애써서 지은 농산물이 풍년이 들면 판로가 마땅치 않아, 가격이 하락해 제값을 받지 못할 때가 많아 농산물 가공에 관심이 많던 차에 수업이 열려 참 좋은 기회다 싶어 참여했다고 한다. 평소에 관심이 많았던 식품 가공 과정이라 졸업 소감을 물어봤다.

"1년 과정을 오직 식품가공에 대한 사명감과 책임감으로 한 번도 결석하지 않고 공부했어요. 이번 수업을 들으며 가공에 대한 지식에 첫발을 뗀 것 같아요. 공부를 하면 할수록 더 부족함을 느끼게 돼서 전문적인 공부를 더 많이 해야겠다는 생각이 들어요. 농업인에게 이런 좋은 수업을 개설해 줘서 감사하고 앞으로 이런 양질의 수업이 더 많이 개설돼 농민들에게 힘이 되었으면 좋겠습니다."

졸업식을 마치고 입학식이 시작됐다. 농촌체험 과정, 해나루쌀 과정, 로컬푸드 과정에서 기술 영농을 익혀나갈 입학생들이 서약을 통해 대학의 규정을 준수하고 수업을 성실히 이수할 것을 다짐했다.

부학장은 입학생들에게 전문성과 정보 없이는 농사짓기 힘든 시대에 앞으로 1년 동안 대학에서 새로운 선진농업기술을 배워, 3농 혁신을 이끄는 리더로 성장해 지역농업발전에 앞장서 줄 것을 당부했다.

송악에서 풀피리 농원을 운영하고 있는 농업인은 농사로 눈코 뜰 새 없이 바쁘고 힘들지만, 새로운 정보교류를 위해 공부하고 있다고 한다. 농업경영인들과의 조우는 물론 새로운 농업 지식도 배우고 익히며 친목도 도모할 수 있어서 수업이 있는 날이면 농업기술대학으로 저절로 발길이 돌려진다고 한다. 바쁘고 힘든 시간 쪼개서 공부해서 더 보람되고 열심히 살아낸 자신이 대견해 상을 주고 싶다며 말하는 표정에서 농업인으로서 포부가 느껴졌다.

작년 수업이 너무 좋아 올해 로컬푸드 과정에 또 한 번의 도약을 위해 재입학했다고 한다. 귀농 첫해엔 판로를 몰라 애써 지은 농산물을 썩혀 버려야 했단다. 하늘이 무너지는 것처럼 눈앞이 캄캄했지만, 이후 센터와 연계해 로컬 매장에 농산물을 판매했다. 소비자의 반응도 폭발적이어서 물건이 모자라 못 팔 정도로 행복한 비명을 질렀다고 한다.

'오래된 미래'의 라다크 사람들은 척박한 자연환경의 제약 속에도 책임감 있는 태도와 생태적 감수성으로 자연과 사람, 사람과 사람이 더불어 행복하게 살아가는 모습을 통해 행복한 삶을 영위하고 있다.

투자의 귀재 짐 로저스는 서울대 경영학 강의에서 미래 최고의 유망업종은 농업이고, 농업이 수익을 가장 많이 내는 사업이라며 '젊은이여 농대로 가라'고 했다. 오늘 농업기술대학에서 만난 졸업생들과 신입생들의 열정을 보며 우리 농업의 밝은 미래를 보았다. 앞으로 대한민국 농촌의 밝은 미래를 그려본다.

토종 작물

만물이 꿈틀꿈틀 소생하는 계절. 땅속에 웅크리고 있던 씨앗들도 봄기운에 모락모락 계절을 다투며 예쁘게 돋아나고 있다. 요즘은 텃밭이나 주말 농장에서 토종작물을 기르는 도시농부들이 늘고 있다. 농업이 국민의 먹거리를 생산하는 산업에서, 이젠 건강과 환경개선 및 교육이나 공동체 회복 등 도시민들의 삶의 질 향상을 위해 꼭 필요한 산업이라는 인식이 확산되었기 때문이다.

전국 씨앗도서관협의회 박영재 대표의 당진의 토종 씨앗에 대해 강의가 있는 날이다. 씨앗도서관이란 단어가 좀 낯설어 어떤 곳인지 들어봤다. 읽고 싶은 책이 있을 때에는 서점에서 구매하거나 가까운 도서관에서 빌려보면 된다. 이처럼 씨앗도서관에서는 우리나라 토종 씨앗이나 모종을 수집하여 분양함으로써 토종작물을 확대하는 역할을 하고 있다. 토종 씨앗으로 유기농법에 대한 정보를 교류하면서 지속 가능한 농사를 달성하고자 하는 커뮤니티인 셈이다. 씨앗도서관에서 다섯 알 가져가면 농사를 지어서 다섯 알을 반납하는 시스템이다.

지구상에 식물이 존재하면서 사람의 손에 의해서 재배되는 작물에는 지구환경 변화에 대한 다양한 정보가 씨앗 안에 유전정보로 간직되어 있다.

우리가 문자를 사용하기 이전의 지구환경의 모든 역사 또한, 씨앗 안에 고스란히 담겨있기에 씨앗만큼 훌륭한 책은 없다. 곧 '씨앗이 바로 책이다'라는 중의적인 의미로 씨앗도서관이라고도 한다.

선조들은 개나리가 노랗게 필 때면 감자를 심고, 찔레꽃이 피면 벼를 파종하고, 감꽃 필 때면 올콩을 심었다. 1890년대까지만 해도 다양한 식재료를 가지고 100가지 이상 음식을 만들어 밥상을 차렸다. 먹고살기 좋아졌다고 하는 지금은 25가지 음식으로 밥상을 차리고 있다.

일제강점기와 한국전쟁을 겪으며 절대빈곤으로 인해 다수확 증산 운동으로 씨앗의 다양성을 철저히 무시하고, 수확량 좋고 때깔 좋은 것으로 획일화되었기 때문이다. 이로 인해 우리는 종자회사에서 공급되는 일방적인 종자로 밥상을 차리고 있다. 다양성은 훼손되었고, 생산량 증대를 위해 도입된 GMO와 제초제로 생태계도 급격히 무너져버렸다.

선조들은 '농부는 굶어 죽어도 씨앗은 베고 죽는다.'라고 했을 정도로 씨를 지우지 않기 위해 치열하게 살아왔다. 지금도 1년에 70%의 농민들이 농사를 지어서 1000만 원을 못 버는 게 현실이다. 농사를 포기하지 않고 짓는 이유는 농업이 후세대를 위해 남겨야 할 생명 자원이라는 믿음 때문이었다. 그분들 중에 토종 씨앗을 지키기 위해 고군분투하고 계시는 어르신들이 계시다. 그런 분들이 돌아가시면 대대로 전해져 내려온 소중한 토종 씨앗들이 사라져버릴게 불을 보듯 뻔하다. 다행히 도시농업을 하는 분들을 중심으로 토종자원을 수집하고 증식해 영구히 보존하고, 후손에게 밝은 미래를 물려주려는 노력이 이어지고 있다.

당진의 도시농업관리사와 마스터가드너들도 작년에 정미면, 대호지면, 면천면 3개 면의 총 54농가에서 식량작물 86점, 채소작물 34점, 특용작물

29점, 화훼작물 3점, 과수작물 2점등 총 156점의 토종 씨앗을 수집했다. 당진지역만의 특이 작물인 약파, 백고구마, 옛날 호박고구마, 파란 서리태, 배틀콩, 참팥 등을 찾아낸 것은 그 어떤 것과도 견줄 수 없는 소중한 성과였다.

몇 개월 동안 조사한 종자를 DB화하고, 수집된 씨앗 채종포 운영을 통해 토종 종자를 도시농업전문가들과 마스터가드너들이 증식하고 있다. 올해에는 도시농업 전문가 교육과정에 수집한 토종 종자를 텃밭에 심고 재배해 음식을 만들어 맛도 보고, 채종해 원하는 농가에 토종 씨앗을 전파할 계획이다.

요즘 서훈 농원 대표는 봄바람 난 아가씨처럼 마음이 이리 뛰고 저리 뛰고 분주하다고 한다. 토종 씨앗 조사할 때 받은 토종 육쪽마늘을 집에서 대대로 내려오던 씨앗과 구분하려 밭에 따로 심었는데 잘 자라 주고 있기 때문이다. 조사 때 받아온 토종 돼지파(염교)도 심었는데 중국산보다 알이 작지만, 장아찌로 담으면 맛이 정말 좋다고 한다.

일반 대파는 질기고 두껍고 맛이 좀 독하고 아리지만, 약파(종주파)는 질감이 부드럽고 연하며 단맛이나 뒷맛이 깔끔해 하우스에 심어 놓고 겨우내 맛있게 먹었다고 한다. 어떻게 키우느냐에 따라서도 맛의 차이도 다르다고 한다.

박영재 대표의 조사에 의하면 당진에 다양한 토종 종자들이 많다고 한다. 할머니들이 돌아가시면 토종 씨앗들도 함께 없어지는 것이 자명한 일이다. 조사 과정에서 만난 한 할머니의 감동 실화를 들려줬다.

"대나무 숲 뒤편으로 15평의 비밀정원을 갖고 계신 할머니를 만난 적이 있습니다. 자식이 할머니의 건강을 염려해 농사짓는 일을 반대하니까 15평에 20가지 씨앗을 심어서 지켜오고 있더라고요. 척박한 대밭을 개간해 토종 씨앗을 지켜 오신 할머니를 보면서 큰 감동을 받았습니다. 할머니들에게는 씨앗에 얽힌 사연이 있습니다. 이건 우리 아들이 좋아하는 것, 이건 사위가 좋아하는 것, 이건 남편이 좋아하는 것, 이건 시부모가 물려준 것, 친정 부모님이 물려준 것이라서 차마 버리지를 못하고 씨앗만을 지킨다는 생각으로 심어오신 것입니다. 그만큼 조상들은 우리 씨앗을 중요하게 여기셨습니다. 이분들이 돌아가시기 전에 토종 종자를 확보하고 이것들을 지켜 나갈 수 있는 일들을 해나가는 것이 우리가 후손들을 위해 해야 할 일이라고 생각합니다."

당진시에서도 하루속히 당진의 토양과 기후에 맞는 종자들을 찾아 당진에 씨앗도서관을 신속하게 만들어야 한다. 씨앗도서관에 토종 종자를 확보하기 위해 토종 종자를 지키는 할머니들에게 물심양면 지원하고, 농사짓는 전통기법들과 토종 종자를 어떻게 생활에 활용해 왔는지를 수집해야 하는 것이 필요하다.

우리나라도 2018년 8월에 나고야 의정서 비준국으로 발효되면서 이제는 토종 종자 사용에 대한 로열티를 받을 수 있도록 국제협약이 체결되었다.

산업화로 비어 가는 농촌에서 사라질 위기에 처했던 약파를 당진에서 수집할 수 있었던 것은 우리 씨앗을 지켜온 할머니들이 있었기에 가능했던 일이다. 우리 씨앗을 넘겨받기 위한 일념으로 씨앗을 지키는 당찬 당진 도시농업 수강생들과 마스터가드너들의 행보를 기대해 본다.

쌀로 만든 여름 밥상

우리 쌀 활용 교육의 일환으로 여름 밥상 교육이 있었다. 국민 일인당 쌀 소비량은 꾸준히 감소하고 있다. 현재는 국민 1인당 한 끼 소비량이 200g도 채 안 된다. 성장기 어린이와 청소년의 잘못된 식습관은 각종 성인병의 원인으로 대두되고 있다. 그러구러 국내 농산물 소비의 위축과 우수한 품질의 국내 농산물생산기반을 약화시키는 악순환을 초래하고 있다.

올해 6월부터 국가 및 지방자치단체에서 국민들의 건강하고, 균형 잡힌 식습관을 유도하고, 국내 농산물의 안정적 판로를 확보하기 위해 식생활교육지원법을 시행하고 있다. 오늘 열리는 수업도 식생활교육지원법의 연장선으로 이론수업과 실습이 함께 이루어졌다.

우리 쌀에는 옥수수, 밀에 비해 콜레스테롤 조절기능과 혈당 조절기능, 황산화기능이 높다. 쌀은 품종에 따라 특화된 여러 종류의 가공용 쌀로 사용되고 있다. 술 빚는 데 쓰이는 설갱은 잘 으깨지고 발효균과 잘 배합이 된다. 고아미는 국수를 만들었을 때 면발이 탱탱해 잘 불지 않는다. 파스타를 만들 때는 세미면을 사용하는 등 품종에 따라 여러 종류의 가공 용품을 생산한다.

조생흑찰은 위염을 억제해주고, 홍국 쌀은 홍국 균을 쌀에 접종해 콜레스테롤을 조절해 주는 기능을 한다. 눈큰흑찰 1호는 가바 성분이 많아 다이어트 쌀로 불리는 쌀이라고 한다. 쌀눈에 많이 들어 있는 가바 성분은 뇌세포를 활성화시켜주고, 콜레스테롤을 저하시켜 혈당을 조정해주는 순기능을 하고 있다. 가바쌀은 우리 몸에 유익한 쌀눈을 키워 판매하는 기능성 쌀이다.

당진 최고 품질의 해나루 쌀의 품종은 삼광인데, 발아현미로 판매하는 해나루 쌀에도 가바 함량이 많다고 한다. 해나루 쌀로 지은 밥은 밥맛 좋기로 명성이 자자하다. 밥이 맛있는 이유가 단백질 함량이 낮기 때문이다. 키크는 쌀로 알려진 하이아미 쌀은 필수아미노산을 일반 쌀보다 3~5배 많이 가지고 있기 때문에 성장기 아이에게 좋고 이유식으로도 안성맞춤이다.

당진은 충남에서 쌀 생산량 1위인데 오색미등 기능성 쌀을 재배하시는 분들이 많아 농협하나로마트 어느 곳에서나 손쉽게 구매할 수 있다.

'더담' 이선미 대표는 당진 토박이로 쌀농사 짓는 당진 농촌 총각과 결혼해 살면서 남는 쌀을 어떻게 할까 고민하다가 떡을 쪄 팔기 시작한 게 30여 년이 됐다고 한다. 음식을 만들어 사람들에게 대접하기를 좋아하는 성격 덕분에 쌀을 활용해 이런저런 음식을 만들어 먹다 보니, 올봄에는 북한 음식 대회에 출전해 국무총리상도 받고, 실력을 인정받아 밥상 교육을 한다고 한다.

흔히들 살림은 사람을 살리는 일이라고 한다. 사람을 살리는 일은 밥상에서 시작된다. 한의학에서는 식약동원(食藥同源)이라 하여 약과 먹거리를 같은 것으로 간주했다. 또한 맛보다 기운을 중시하면 약이요. 기운보다 맛을 중시하면 식품이라 하여, 기운의 성쇠에 따른 특성에 따라 약과 음식을 구분하고 있다고 한다. 오늘은 맛도 좋고 기운도 더해주는 여름 보양 약선 음식을 만들었다.

〈나들이 컵밥 만드는 방법〉

- 양파는 큐브 썰기 해서 물에 담근 후, 물기를 제거한다.
- 파프리카는 씨를 제거한 후, 큐브 썰기 한다.
- 게맛살은 찢어 잘게 다진 다음 재료를 함께 섞는다.
- 참치는 체에 걸러 기름을 제거하고 김치는 국물을 꼭 짜낸 후, 곱게 다진다.
- 양파는 큐브 썰기 해서 물에 담근 후, 물기를 제거한 후 재료를 함께 섞는다.
- 따뜻한 밥에 죽염, 설탕, 식초로 밑간을 해 준다.
- 컵밥에 올릴 새싹 채소, 약간의 방울토마토와 포도를 준비한다.
- 컵에 밥 → 참치 → 밥 → 게맛살 → 새싹 채소 → 과일 순으로 올려주면 여름철 나들이 음식으로 손색이 없는 컵밥이 완성된다.

〈한방 닭 온반 만드는 방법〉

- 약재와 닭은 씻어 물을 넣고 약 30분간 물 분량이 반으로 줄어들 때까지 끓여준다.
- 건 표고버섯은 불려준 후, 채 썰어 소금, 참기름으로 밑간을 한다.
- 애호박 당근은 채 썰어 소금에 절여 물기를 제거한 후, 호박, 표고, 당근 순으로 볶는다. 청 · 홍고추는 큐브 썰기하고, 파, 마늘은 다진다.
- 진간장, 국간장, 다진 파, 다진 마늘, 고춧가루, 참기름을 섞어 양념장을 만든다.
- 닭고기는 결대로 잘게 찢어 소금, 참기름으로 양념한 후, 청 · 홍고추를 넣고 무쳐준다.
- 한방 육수에 국 간장으로 간을 한다. 준비된 밥 위에 채소와 고기를 돌려 담아 양념장과 함께 내놓는다.

〈샐러드 라이스 만드는 방법〉

- 깨끗이 씻은 연근은 썰어 헹궈 식초 물에 10분 동안 담가 살짝 데친 후, 연근 초절임 물에 담근다.
- 계란은 삶아 놓고, 과일과 채소는 씻어 물기를 제거한다.
- 더덕 껍질은 돌려 깎은 후, 채 썬다.
- 아보카도와 배는 편 썬다.
- 잣은 갈고 배와 레몬은 즙을 내어 설탕, 식초, 소금을 섞어 소스를 만든다.
- 밥 위에 준비된 과일과 채소를 돌려 담고 소스를 곁들여 낸다.

실습을 마치고 함께 여름 밥상을 만든 조원들과 함께 컵밥과 온밥을 시식했다. 요즘 무더위에 살림하느라 지쳐 밥맛도 없고 기진맥진했는데, 오늘 만든 여름 건강 보양식으로 원기충전했다. 오늘 만든 여름 밥상 레시피로 우리 가족 여름 무더위는 거뜬히 이겨낼 것 같은 좋은 예감이다.

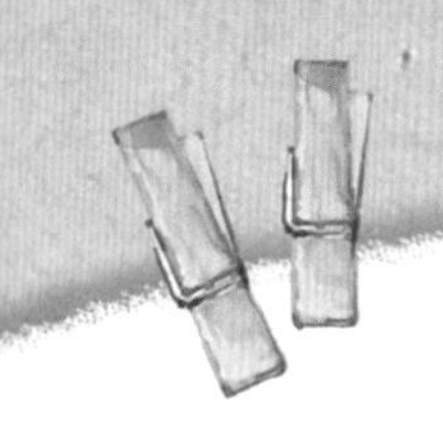

아미여울 꺼먹지

삼복더위에 조금만 움직여도 땀이 비 오듯 쏟아지는 날이다. 가만히 있어도 더위에 지쳐 힘든데, 설상가상으로 아이들 방학이라 삼시 세끼와 간식을 챙겨 주려니 밥 한술 떠먹을 기운도 없다.

시나브로 엄마가 해주는 집밥이 생각나던 차에, 지인들과 함께 꺼먹지 비빔밥으로 입소문이 자자한 아미여울로 향했다. 아미여울에서는 아미지킴이들이 직접 키운 농산물과 당진지역의 로컬 재료를 활용해 밑반찬을 만든다.

먼저 황도와 파인애플 등 11가지 재료로 만든 소스로 맛을 낸 새콤달콤한 샐러드로 입맛을 돋우었다. 삼복더위에 흘린 땀으로 체내 염분이 부족해 물을 많이 마셔도 갈증이 사라지지 않아 기진맥진했었는데, 전통 맛 간장으로 담은 깻잎장아찌 한 장을 밥 위에 얹어 먹으니 들깨 향과 새콤달콤 짭조름한 맛이 집 나갔던 입맛을 찾아준다.

아삭아삭한 오이 피클도 입안에서 씹히는 식감에 여름철 무더위에 지친 기운이 마구 솟아나는 것 같다. 오이의 향긋함이 새콤달콤한 맛과 어우러져 시원한 계곡물에 들어간 것처럼 청량감이 뛰어난 별미다.

수미네 반찬에서도 화제가 되었던 풀치조림도 일품이다. 꼬들꼬들하게 말린 풀치를 매콤달콤한 고추장양념에 버무렸다가, 조려 낸 풀치조림에 참기름으로 향을 더해 고소함이 배가되어 조림계의 최강자로 등극해도 손색이 없는 밑반찬이다.

새우와 두부, 당근을 다져서 꽉 채운 표고버섯전을 한 입 베어 무니 입 안 가득 표고버섯 향기와 고소함이 어우러져, 아~ 이게 행복이지 싶다. 표고전은 식감도 부드럽고 표고 특유의 은은한 향기도 좋아 윤기 자르르한 해나루 쌀밥과 함께 먹으니 안성맞춤이다.

해나루 쌀로 지은 솥밥 위에 꺼먹지가 살포시 올라가 있다. 청잣빛이 감도는 소박한 대접에 갓 지은 밥을 덜어 놓고, 누룽지에 물을 부어준 후 뚜껑을 덮고 눌은밥을 만들었다.

기다리는 동안 아미여울의 대표 음식인 맥적과 황태구이를 꺼먹지 솥밥과 함께 먹었다. 맥적은 된장양념에 재운 돼지고기를 구워 먹는 전통음식이다. 황태구이는 아미여울 공동 창업자의 아이디어로 탄생했다고 한다. 맥적과 황태구이를 꺼먹지와 함께 먹으니 조화로운 맛이 자꾸만 손이 가, 둘이 먹다 하나가 죽어도 모르는 맛이다.

어릴 적 한여름에 더위에 지쳐 입맛이 없을 때면 엄마가 짭짤하게 간이 밴 짠지를 고소한 들기름에 볶아 주었다. 갓 지은 따끈한 밥 위에 짠지를 얹어 한 숟가락 입에 넣으면 다른 반찬이 없어도 밥맛이 꿀맛이었다.

늦가을이면 김장을 마치고 밭에 버려지던 무청을 소금과 고추씨로 절여 만드는 당진의 대표적인 향토음식 꺼먹지는 당진 사람들만의 느림의 미학이다. 오랜 세월 배고프고 어렵던 시절 우리네 어머니들의 가족 사랑이 빚어낸 향토음식이리라.

아미여울에서도 꺼먹지를 재해석해 젊은 층의 입맛까지 사로잡아 전국의 사이클동아리 등 여러 동아리 사이에 입소문이 나서 당진을 지나갈 때면 잊지 않고 들릴 정도로 탄탄한 마니아층이 형성되어 있다. 지역의 농산물을 활용한 건강한 밥상과 고향 집 어머니의 손맛은 물론, 푸짐한 인심과 정성까지 느낄 수 있어 아미여울 꺼먹지를 맛보면 도저히 발길을 끊을 수 없는 맛집이라고 한다.

후식으로 나온 모과와 사과, 대추 등으로 끓여 낸 모과차도 일품이어서 배불러서 더 이상 못 먹겠다던 일행들도 한 모금 음미해 보고는 모과의 은은한 향에 매료되었다. 후식으로 나오는 음료에도 이렇게 세심한 마음이 배여 있어 무한 감동이었다.

농가맛집 아미여울은 지난해 11월 순성면 성북리에 문을 연 농가 맛집이다. 아미여울을 운영하고 있는 7명의 지킴이 모두 당진지역 생활개선회 전 · 현직 임원 출신이라고 한다. 생활개선회는 상대적으로 소외돼 왔던 농촌 여성들의 지위 향상을 도모하고, 여성들의 힘으로 농촌의 변화와 발전을 이끌어온 대표적인 농촌여성지도자 단체다.

14년 전 함께 활동하던 세 사람이 당시 당진군 생활개선회 영농조합법인을 창립하고, 당진군농업기술센터의 지원을 받아 꺼먹지를 활용한 수익사업을 시작했다. 이후 4명이 합류하면서 기술센터에서 추진 중인 6차 산업 시범사업에 참여해 아미여울을 운영하게 됐다. 앞으로도 이번 시범사업과 연계해서 농가레스토랑과 직거래 판매장, 체험장 조성 등을 추진해서 지역 전략품목을 6차 산업으로 집중 육성해 지역농업의 경쟁력을 지속적으로 높여 갈 것이라고 한다.

평균나이 60대로 새로운 사업을 시작한다는 건 쉽지 않은 도전이다, 하지만 가족들의 응원에 힘입어 아미지킴이들은 서로 의지하면서 인생의 2막을 개척해내고 있다. 농촌에서 여성으로 살아온 지난 세월이 꽤나 고단해 쉽지 않은 결정이었지만, 물심양면으로 응원해 주는 이들이 든든한 바탕이 되어 새로운 도전에 뛰어들 수 있었다.

2년 동안 긴 준비 기간을 거치며 법인을 설립하고, 음식을 개발하고, 시연했다. 아미여울의 문을 열기까지 피땀 어린 아미지킴이들의 노력이 있었기에, 아미여울만의 독특한 전통음식을 많은 사람들이 맛볼 수 있게 되었다. 돈으로 살 수 없는 귀한 선물을 받은 것처럼 행복한 시간이었다.

라면 끓이기 보다 더 쉬운 장 만들기

"고추장을 작은 단지로 하나 보낸다. 사랑에 놓아두고 밥 먹을 때마다 먹으면 좋겠다. 이것은 내가 손수 담근 것인데, 아직 잘 익지는 않았다."

"지난번에 보낸 소고기볶음은 잘 받아서 아침저녁 찬거리로 했느냐? 어째서 한 번도 좋다는 뜻을 보여주지 않느냐? 답답하고 답답하구나. 나는 육포나 장조림 등의 반찬보다 나을 거라고 생각한다. 고추장도 내가 손수 만든 것이니 맛이 어떤지 자세히 알려다오."

연암 박지원은 직접 고추장을 담아 먹었고, 자식들에게 나눠주기도 하고 자식들이 고추장을 받고 감사는커녕 답장이 없자 편지로 맛을 물어볼 정도로 고추장을 좋아했다.

아이들이 떡볶이를 좋아해 연암 박지원처럼 직접 장을 만들어 먹고 싶어도 어렵게 느껴지고 방법을 몰라 만들지 못하고, 인스턴트식품을 사용하고 있다. 마침 농업인들과 일반 시민들을 대상으로 라면 끓이기보다 더 쉬운 방법으로 전통장 만들기를 알려준다고 해 참석했다.

고은정 대표가 준비해온 3년 된 씨간장과 된장을 시식하는 시간을 가졌다. 평소에 전통 간장은 짜서 다양한 요리에 활용할 수 없다는 생각이 있었는데 3년 된 간장에서는 짠맛보단 시간과 바람에 숙성된 감칠맛이 입안 가득 맴돌았다. 간장은 오래 묵을수록 단맛과 감칠맛이 증가하고, 된장은 3년 묵은 된장이 가장 맛있다고 한다.

유중림은 「증보산림경제」에서 '장은 모든 맛의 으뜸이니, 가장은 모름지기 장 담그기에 뜻을 두어 오래 묵혀 좋은 장을 얻어야 한다.'라고 기록하고 있다. 예로부터 장 담기는 우리 식생활에서 빠트려서는 안 되는 한 해 농사와도 같은 것이었다.

한국 고유의 장은 시간이 지날수록 우리 몸에 유익한 균이 가득 생기는 발효식품으로 자연이 선사하는 밥상 위 명약이다. 그러구러 웰빙 열풍으로 먹거리의 중요성을 인식해 장을 담그고 싶어 하는 사람들이 많다. 하지만 장 담그기가 어렵다는 생각과 실패에 대한 두려움에 선뜻 만들지 못하고 있다.

고은정 대표는 어머니와 할머니를 통해 몸으로 익힌 경험들을 수치화 했다. 라면 끓이는 방법보다 더 쉽고 간편한 속성보리막장 만드는 방법을 전국 방방곡곡에 전해주고 있다. 집집마다 항아리에 된장과 간장이 익어가는 장독대가 다시 일상으로 스며들면 좋겠다는 일념 때문이라고 한다.

〈보리막장 만드는 방법〉

- 재료 : 보리 300g(물 1L), 메주 1kg, 고추씨가루 100g, 소금 500g, 엿기름 300g, 물 3L
- 만드는 방법 : 보리를 잘 씻어 1L의 물과 함께 질게 보리밥을 한다. 엿기름을 면 주머니에 넣고 물 3L를 넣어, 주물러 엿기름물을 만든다. 식은 보리밥에 메줏가루, 고추씨 가루, 소금을 넣고 골고루 버무려준다.
  - 막장의 완성 농도는 엿기름물로 맞추고, 모자라면 물을 더 넣으면 된다.

– 완성된 막장은 항아리에 담아 서너 달 이상 숙성시킨 후 보리알이 다 삭으면 먹으면 된다.

고은정 대표가 미리 준비해온 숙성된 막장에 표고버섯, 양파, 바지락, 감자를 갈아 넣고 끓인 된장찌개에 두부를 얇게 썰어 얹어 지은 밥과 함께 먹으니 집 나간 입맛도 돌아오는 꿀맛이었다.

조선간장, 청주, 설탕, 멸치육수를 2 : 1 : 1 : 2 비율로 섞어 끓이다 마지막에 레몬과 사과를 넣어 주면 맛간장이 된다. 유리 용기에 표고버섯을 담은 후 끓인 맛간장을 부어주면 맛있는 표고버섯 장아찌가 완성된다. 맛간장은 고기를 재거나 게장을 담글 때, 장아찌 담글 때 사용하면 산분해 간장을 사용하지 않고도 건강한 감칠맛을 낼 수 있다.

〈간편 뚝딱 고추장 만드는 방법〉

- 재료 : 고추장용 고춧가루 500g, 메줏가루 250g, 조청 1kg, 소금 300g(천일염 기준), 물 1.2L
- 만드는 방법 : 끓인 물에 조청을 잘 풀어 준 후, 고춧가루를 넣고 잘 섞어 준다.
  – 메줏가루를 넣고 다시 한번 잘 저어 섞어 준 다음 소금을 넣어 간을 한 후, 항아리에 담아 숙성한 후에 먹는다.
  ※ 소금은 수분을 빼주는 역할을 하므로 가루가 퍼지는 걸 막아주기 때문에 메줏가루가 골고루 섞이도록 잘 저어준 후, 소금을 넣어줘야 한다.

〈떡볶이 양념 만드는 방법〉

- 뚝딱 고추장, 조청, 케첩, 설탕을 1 : 1 : 1 : 0.5를 섞어 만든 양념장으로 맛있는 떡볶이도 만들었다.

- 프라이팬에 기름을 두르고 떡을 볶다가 고추장 양념을 넣고 볶아주니 맛있는 떡볶이가 완성되었다.
- 예쁜 접시에 담고 다진 실파와 잣가루를 뿌려주니 매콤달콤한 맛이 은근 중독성 있어 자꾸만 손이 가는 꿀맛이다.

3일 동안 멀리 지리산 두메산골에서 당진까지 와주신 고은정 대표 덕분에 어렵게만 느껴지던 장 담그기를 할 수 있는 자신감이 생겼다.

최고의 식당으로 평가되는 노마(NOMA) 레스토랑 내에서는 발효연구실을 두고, 메뉴에 필요한 식재료들을 발효 시켜 음식에 적용시키고 있다고 한다. 지금도 발효 연구실에선 그들이 고추장, 간장, 된장을 만드는 모습을 흔하게 볼 수 있다고 한다. 노마의 셰프가 한국에 오는 이유 또한, 발효 때문이다. 일제 강점기와 산업화로 인해 뒷전으로 밀려났던 전통 발효음식을 새롭게 만난 행복한 시간이었다.

오늘 만든 뚝딱 고추장과 간편 막장으로 건강한 밥상을 만들 생각에 시나브로 행복한 미소가 절로 난다.

찻잔에서 피어난 꽃차 이야기

탐스러운 겹벚꽃 사이로 연둣빛 잎이 돋아나 싱그러움을 더해주는 계절이다. 살랑이는 바람결에 하르르 하르르 나비처럼 나풀대는 꽃잎을 잡아 맘껏 꽃향기를 맡아보았다. 떠나가는 봄꽃 향기를 붙잡아 두고 싶지만, 옛 선인들이 화무십일홍이라 했으니 낙화와 함께 봄날도 흘러감이 인지상정이리라.

은은한 봄꽃의 향기와 아름다움을 이대로 보낼 수 없어, 다시금 꽃을 피워내기 위해 꽃차 소믈리에들이 모였다. 봄꽃들이 꽃망울을 터트리던 4월 초부터 5주 동안 수강생들은 동분서주하며 꽃의 색감과 향, 맛을 고스란히 품은 꽃차를 만들었다. 오늘은 그동안 만든 꽃차를 전시도 하고 수료식과 함께 작은 다과회도 갖기로 했다.

꽃차 소믈리에란 꽃차의 특성과 차나무에서 딴 잎을 이용해 음료를 만드는 과정인 제다법을 익히고, 꽃차의 맛과 색을 분별하는 전문가를 말한다. 꽃차 소믈리에 과정은 최근 참살이 열풍을 타고 많은 이들의 관심을 받고 있다.

몇 년 전부터 꽃차 소믈리에 자격증 과정을 배우기 시작했다. 올해에는 일상에서 쉽게 접할 수 있는 꽃 외에도 약용으로 쓰이는 산야초에 대한 교육을 함께 진행했다. 특히 꽃차와 꽃 청, 꽃 식초, 꽃 비니거, 장미 와인, 장미 과일주스, 슈가코팅 꽃 만들기 등 교육생들이 직접 만들어 볼 수 있도록 실습 위주로 교육을 진행해 생활에서 활용 할 수 있는 것들이 많았다.

교육과정을 이수한 교육생들 모두 한국꽃차협회에서 발급하는 꽃차 소믈리에 자격증을 취득하며 전문성을 갖춘 꽃차 전문가로 발돋움했다. 앞으로 꽃차 소믈리에로서 기량을 맘껏 발휘하며, 꽃을 연구하고 차를 만들며 다양한 활동과 일을 할 수 있도록 역량과 강화에 힘쓰겠다며 각오들이 대단하다.

미래 농업은 점점 복합화되고 있어 앞으로 놀이와 체험이 결합한 클러스터로 농산업이 발돋움할 것이라고 한다. 야생화연구회에서는 꽃차 소믈리에들과 함께 생산과 소비 활동을 통해 잉여를 창출하며, 수익을 올릴 수 있는 6차 산업의 선두로 우뚝 설 수 있도록 사업을 구상하고 있다.

수료식을 마치고 다 함께 모여 기념사진도 찍고, 다과를 나누며 수업 시간에 만든 꽃차를 마시며 선물도 했다. 삼삼오오 모여서 꽃차 이야기로 이야기 꽃도 피웠다.

평소에 마음이 복잡하고 정서적으로 힘이 들 때면 산과 들에 피어있는 꽃을 보며 치유를 경험하곤 했다. 베란다 작은 화분에 꽃을 가꾸며 마음의 안정과 쉼을 경험하던 중 우연히 꽃차를 접했다. 처음엔 꽃을 가지고 차를 만든다는 것이 너무 신기하고 재미있었다. 시나브로 한국의 야생화에 있는 약성과 효능들을 하나하나 알아 가면서 꽃으로 차를 만들고, 꽃차가 예쁜 찻잔에 담겨 뜨거운 물을 만났을 때, 숨죽이고 움츠려 응집되어 있던 꽃이 아름다운 모습으로 되살아나는 순간 꽃차의 매력에 푹 빠져들었다.

사람에게나 꽃에게나 구증구포의 과정이 시련인 줄 알았는데 연단임도 깨달았다. 예쁜 찻잔에서 뜨거운 물과 만나 다시금 활짝 꽃으로 피어나 자유롭게 유영하며 몸에 좋은 효능과 감미로운 성분을 선물하는 꽃차를 마실 때면 복잡하던 마음이 고요해지는 쉼을 경험하곤 했다.

이후 오롯이 꽃차 만들기에 빠져 꽃차를 만들어 선물하기도 하고 수업에 참석하다 보니 꽃차 자격증도 주어졌다. 꽃차 소믈리에 과정을 공부하는 과정이 쉽지는 않지만, 꽃향기 가득한 교실에서 수업하는 동안 내 자신이 대견하고 뿌듯했다. 앞으로 꽃차를 통하여 많은 걸 받았으니, 더 많은 사람들과 꽃차가 주는 행복을 나누며 살아야겠다.

당진야생화연구회에서 활동하며 야생화를 좋아하는 사람들이 가꾸는 정원에 초대받아 가기도 하고, 선진지 견학을 통해 야생화를 공부하고, 신품종도 선물 받았다. 앞으로 당진시의 고유식물을 발굴하고 보전하여 미래자원으로 활용하는 초석을 마련하기 위해, 정기적인 교육과 신기술 도입을 위한 선진지 견학 등을 꾸준히 진행해 나갈 계획이라고 하니 앞으로 당진야생화 연구회의 행보는 맑음이다.

수료식을 마치고 집으로 향하는 길에 연분홍 꽃눈을 날리며 아름다운 풍경이 된 왕벚나무를 마주했다. 자격증을 받으며 환한 미소를 짓던 야생화 연구회 회원들의 모습이 오버랩 되는 까닭은 작은 찻잔에서 피어난 회원들의 열정과 땀의 결실이 꽃차라는 이름으로 피어난 이유이리라.

천사처럼 순수하고 사랑처럼 달콤한 커피

'악마같이 검고 지옥처럼 뜨겁고, 천사처럼 순수하고 사랑처럼 달콤하다.' 커피 하면 떠오르는 수식어처럼 검고 순수하며 뜨겁고 달콤한 커피의 매력에 시나브로 빠져 선선한 가을바람이 덥게 느껴질 정도로 수강생들의 열기가 뜨겁다.

송악 주민자치위원회에서 마을교육공동체 활성화사업의 일환으로 진행하는 홈 바리스타 교육이 지역민을 대상으로 이뤄졌다. 이번 수업은 송악 주민자치위원의 재능기부로 진행되는 수업이라 더 의미 있고 한여름 뜨거운 태양을 품고 시나브로 익어가는 가을처럼 향긋한 수업이다.

마을학교 선생님이 수강생들의 열기도 식힐 겸 찬물에 추출해 숙성시킨 콜드브루에 우유를 섞어서 콜드브루라떼를 만들어 줬다. 커피의 부드러운 향기와 우유의 고소함이 조화를 이루며 깔끔한 맛을 느낄 수 있어서 달콤한 커피의 유혹에 흠뻑 빠져든다.

커피는 6~7세기경 에티오피아의 칼디라는 목동에 의해 처음 발견되었다고 알려지고 있다. 염소들이 빨간 열매를 따 먹고 흥분하여 뛰어다니는 광경을 목격한 칼디는 자신도 이 열매를 먹어보게 되었고, 그 결과 머리가 맑아지고 기분이 상쾌해지는 느낌을 받는다. 이 사실은 이슬람 사원의 수도승에게 알려졌고, 기분이 좋아지고 졸음을 방지해 주는 등 수양에 도움이 되는 신비의 열매로 알려지면서 여러 사원으로 퍼져 나갔다. 에티오피아에서는 농부들이 자생하는 커피 열매를 끓여서 죽이나 약으로 먹기도 했다. 9세기 무렵에 아라비아반도로 전해져 처음 재배되었으며, 이후 이집트, 시리아, 터키에 전해져 커피 열매를 끓여 그 물을 마시거나 열매의 즙을 발효시켜 카와(Kawa)라는 알코올음료를 만들어 성직자들이 마셨다고 한다.

이슬람 세력의 강력한 보호 아래 아라비아 지역에만 한정적으로 재배되다가 십자군전쟁이 발발하면서 유럽 십자군이 커피를 맛보게 된다. 초기에는 커피를 이교도적 음료라 하여 배척했으나, 밀무역으로 이탈리아에 들어온 뒤 교황으로부터 그리스도교의 음료로 공인받게 되었고, 일부 귀족들과 상인들을 중심으로 커피가 유행처럼 번져나가기 시작했다.

커피 수요가 늘자 아라비아의 상인들은 이를 독점하기 위하여 수출항을 모카(Mocha)로 한정하고, 다른 지역으로의 반출을 엄격하게 제한했다. 그러나 밀반출한 커피를 인도에서 재배하기 시작했고, 네덜란드가 인도에서 커피 묘목을 들여와 유럽에 전파했다.

그 뒤 유럽의 강대국들이 인도와 인도네시아 등 아시아 국가들을 식민지로 만들며 커피를 대량 재배하면서 전 세계에 알려졌다. 커피나무가 세계로 퍼져 나가면서 인도, 서인도제도, 중앙아메리카, 그리고 에티오피아의 바로 이웃 나라인 케냐, 탄자니아 등에서도 광범위하게 재배되었다. 커피가 점차 대중화되면서 유럽 곳곳에 커피하우스가 생기기 시작했다.

한국에서는 아관망명으로 러시아 공사관에 머물던 고종황제가 처음 커피를 마셨다고 전해진다. 미스터 선샤인에서 고종이 "카베 한 잔 주시오"라고 말하는 장면이 나오는데, 고종황제는 덕수궁 안에 휴식 공간 및 접견 장소로 정관헌을 설립하고 커피를 즐겼다고 한다. 민간에서는 독일인 손탁이 정동구락부에서 커피를 팔기 시작한 이후 1920년대부터 명동과 충무로, 종로 등지에 커피점이 생겨나면서 소수의 사람들에게 알려졌다. 이후 8 · 15 광복과 한국전쟁을 거치면서 미군부대에서 원두커피와 인스턴트커피들이 공급되어 대중들이 즐기는 기호음료로 자리하게 되었다.

마을 학교 선생님이 원두 로스팅하는 모습을 시연했다. 가정에서 흔히 사용하는 찜기로 만든 통돌이에 생두를 넣고 돌려주며 볶는 과정에서 전도 · 대류 · 복사의 모든 열전달 방식이 동시에 일어나 안정적인 로스팅이 가능한 방식이다. 로스팅 과정에서 생두의 표면을 감싸고 있던 얇은 막이 벗겨지며 로스터기 주변으로 싸락눈처럼 흩날리는 은빛 보푸라기를 볼 수 있는데, 생두가 팽창하면서 벗겨진 실버스킨 조각이다.

타닥타닥 소리를 내며 1차 팝이 시작되고 있다. 증기압이 생두를 뚫고 나오는 순간에 발생하는 소리로 이것을 크랙이라고 한다. 크랙은 생두의 상태변화를 알려주는 표시로서, 로스팅의 진행도를 알려주는 중요한 기점이다. 1차 팝 후, 1분 뒤에 꺼내 쿨링팬으로 냉각시켜야 최적의 맛과 향을 느낄 수 있다. 로스팅한 원두를 그라인더로 분쇄해 주었다. 드르륵드르륵 소리와 함께 코끝으로 전해지는 향기가 조화를 이루며 센티멘털 감성에 젖어 팔 아픈 줄 모르고 원두 분쇄를 마쳤다.

선생님과 함께 핸드드립 방법을 배웠다. 처음에 뜨거운 물을 중심 부분에 살짝 드립 해 준다. 이때 커피가 추출되지 않도록 주의해야 한다. 분쇄한 원두에 갑자기 뜨거운 물을 부으면 물이 충분히 커피 가루에 침투하지 않기 때문에 전체적으로 뜨거운 물이 균일하게 배어든다. 30~40초 정도 그대로 두어 뜸을 들이는데 신선한 원두는 가스가 방출되며 발효된 빵처럼 부풀어 오른다. 이것을 커피번 또는 커피빵이라 부른다.

뜸 들이기 후, 3차에 걸쳐 커피를 추출해 주는데 고온 추출 시 향이 증가하며, 중후한 느낌의 바디감 증가와 시큼 쌉싸름한 커피 맛을 볼 수 있다. 커피 추출 시 물줄기를 가늘게 해 가운데 부분에서 시작하여 바깥쪽으로 달팽이를 그리듯 물을 부어주다가, 다시 중심을 향해 빙글빙글 돌려가며 부어준다. 이때 바깥쪽의 페이퍼에는 물을 붓지 않도록 주의해야 한다. 드립 할 때 물은 커피를 통과하여 여과되어야 한다. 바깥쪽으로 드립하게 되면 맹물이 통과하게 되므로 주전자의 물줄기와 원두의 표면의 일정 간격을 유지해서 부어 줘야 한다.

커피는 총 3차에 걸쳐 추출이 이뤄지는데, 3차 이후에 추출되는 커피는 향도 없고 쓴맛만 강하기 때문에 추출하지 않는다.

마을 학교 교사가 순차적으로 5회에 걸쳐 추출한 커피를 맛보았다. 1차 추출 원액은 에스프레소처럼 향과 맛이 진한 반면 깔끔한 뒷맛이 좋았다. 2차, 3차 추출한 커피가 향도 좋고 진하지 않아 내 기호에 맞았다. 4차와 5차 추출한 커피도 맛보았는데, 향이 없는 맹맹한 맛과 잡맛이 섞인 쓴맛만 느껴졌다.

수업을 마무리하며 드립 도구들을 정리했다. 드립 도구들은 세척 시 세제를 사용하지 않고 린네천으로 깨끗하게 닦아 주어야 한다.

오늘 하루 높고 푸른 하늘처럼 깊게 무르익어 가는 멋진 가을날을 커피 향기로 물들이는 달콤쌉쌀한 행복이 듬뿍 묻어나는 시간이었다.

나만의 카페 홈 바리스타

요즘은 방학을 맞아 눈코 뜰 사이 없어 바쁘다. 최근에 아파트단지가 많이 조성되어 맞벌이 가정 증가와 학교 돌봄 교실이 부족하다 보니, 아이가 집에 홀로 지내거나 학원에서 시간이 많아졌다. 마침 마을 교육공동체 사업의 일환으로 '나만의 카페 홈 바리스타' 과정이 개설되었다는 소식을 들었다. 신규 아파트 주민 회의실에서 돌봄의 일환으로 진행하는 프로그램이다. 평소에 바리스타가 되어서 엄마 아빠에게 맛있는 커피를 만들어 주고 싶어 커피를 배워보고 싶다던 아이와 함께 수업에 참석했다.

그동안 송악에 새로 유입된 이주민과 원주민들 사이에 크고 작은 갈등 요소들이 있었는데, 서로 화합해 돌봄과 방과 후 활동을 병합한 마을 교육이 이뤄지는 시발점이어서 더 의미 있는 수업이다.

마을 교사가 수강생들에게 핸드드립 도구를 설명해 주었다. 드립 포트, 드리퍼, 서버, 여과지, 세계 나라 각종 원두 등 핸드드립 시연에 필요한 도구들이다. 요즘은 커피를 좋아하는 가정에 많이 보급되어 있어 낯설지 않다.

마을 교사가 핸드드립 시연을 해 주었다. 신선한 원두와 간단한 핸드드립 도구만 있으면, 가정이나 직장에서 손쉽게 추출해 맛있는 커피를 즐길 수 있어 마니아층이 많이 형성되어 있다. 아이들도 시간 가는 줄도 모르고 핸드드립에 푹 빠져들었다.

신선한 원두를 분쇄하여 90~95도의 뜨거운 물로 적셔주고 뜸을 들였더니 잘 발효된 빵처럼 부풀어 오른다. 추출한 커피를 음미해 보았다. 전문가처럼 맛있는 커피를 내리고 싶은데 쉽지가 않다. 마을 교사가 수십 년 커피를 수련한 전문가도 어제의 핸드드립과 오늘의 핸드드립의 맛이 미묘한 차이가 있다고 하니 좀 위로가 된다.

수강생들이 핸드드립 시연한 것을 서로 맛보며 평가해 보는 시간을 가졌다. 처음 솜씨임에도 커피 전문점에서 마시는 커피처럼 익숙한 맛이다.

이어지는 수업에선 콜드브루라떼를 시연해 보았다. 콜드브루는 차갑다.라는 뜻의 '콜드'와 '우려내다.'라는 뜻의 브루의 합성어로 워터드립이라고도 불리는 커피라고 한다. 동양권에서는 더치커피라 불리는 커피이다.

찬물에 커피를 우려내는 방식은 점적식과 침출식이 있는데 한국에서는 물을 한 방울씩 떨어뜨려 우려내는 점적식을 더치커피로 상온이나 차가운 물로 장시간 우려내는 침출식을 콜드브루로 분류하기도 한다.

콜드브루는 오랜 시간 거쳐서 추출하기 때문에 뜨거운 물로 짧은 시간에 추출한 일반 커피에 비하여 쓴맛이 덜하며 순하고 부드러운 풍미를 느낄 수 있다. 원두의 분쇄 정도와 물의 맛, 추출 시간에 따라 맛에 중요한 영향을 미친다고 한다. 추출한 원액을 일주일 정도 냉장 보관해서 먹을 수가 있는데 1~2일 정도 저온 보관하면 마치 와인과 같은 숙성된 맛을 느낄 수 있다.

콜드브루에 얼음을 넣고 우유 거품을 얹어 맛을 보았다. 부드러운 맛과 더위를 한방에 날려 버리는 시원함이 일품이다. 커피를 마시지 않는 아이를 위해 요거트 스무디도 만들어 보았다. 믹서기에 요거트와 얼음 우유를 넣고 갈아 컵에 담은 다음 모양틀로 수박을 찍어 올려주고, 후르츠 칵테일을 넣어준 후, 아이들이 좋아하는 과자로 장식을 해 주니 먹음직한 요거트 스무디가 완성되었다. 가정에서는 우유를 얼렸다 갈아서 만들면 쉽게 요거트를 만들 수 있다고 하니, 올여름 아이들 간식은 요거트 스무디를 애용해야겠다.

모카포트 도구를 사용한 에스프레소도 추출해 보았다. 증기압을 이용해 상층부로 추출액을 밀어내는 방식으로 추출이 끝나고 불을 꺼주니 원액이 아래 용기에 한꺼번에 쭉 빠지며 에스프레소가 추출되어지는 모습이 참 신기하다.

마을 교사가 우유 거품을 이용한 애칭 아트를 시연해 주었다. 애칭 아트는 초코 드리질 초코시럽을 이용하여 그림 그리기 등 다양한 방법이 있는데, 아이들과 연인들이 좋아하는 하트 모양을 비롯해 나뭇잎, 꽃 동물 모양을 많이 표현하고 있다. 연습을 통해 다양하고 세밀한 표현이 가능한 창작 활동이라 아이들이 특히 좋아하는 활동이어서 아이들 시간 가는 줄 모르고 애칭 아트에 열심이다.

초코라떼 위에 우유거품을 얹고 초코시럽을 뿌렸다. 선생님 시연하는 모습을 따라해 보기도 하고 창의력을 발휘해 우유거품을 도화지 삼아 초코시럽으로 직접 그림을 그렸다. 아이들도 신나서 판다도 만들고, 별도 만들고, 북극곰도 만들며 한껏 솜씨를 뽐내며 멋진 작품을 완성했다.

한 달여간의 수업이 끝나가서 아이들이 아쉬운가 보다. 이번 수업은 커피 비누 만들기 시간. 그동안 모아놓은 커피 찌꺼기에 녹인 비누 베이스를 섞어 천연비누를 만들었다. 커피 가루는 각질 제거에 도움을 주고 잡냄새를 없애준다. 원두커피에 포함되어 있는 미네랄과 유분기가 영양과 탄력을 줘 보습력도 있다. 커피에 들어 있는 카페인이 피부 탄력과 셀룰라이트 제거에 도움을 주고, 폴리페놀의 항산화 작용으로 노화 방지에도 좋다. 모공

속 노폐물을 배출하고 탄닌 성분에 의해 피지 억제 작용을 하므로 여드름 피부에 좋으며 화이트닝에도 도움이 된다고 하니 당분간 피부 건강은 커피 비누에 맡겨야겠다.

홈바리스타는 접근하기 쉬운 홈 카페 도구를 사용해 에스프레소나 에스프레소를 추출하는 메뉴를 만들 수 있다. 콜드브루도 쉽게 만들어 그 베이스로 집에서 나만의 카페 홈바리스타가 되는 장점이 있다. 고가의 머신이 없어도 집에서 간단한 홈 카페 도구를 가지고 다양한 카페 음료를 만들 수도 있고, 생활용품으로 쓰이는 탈취제나 비누도 만들 수 있는 이점도 있어 활용도가 높다.

커피를 마시지 않는 어른이나 아이들은 초코를 가지고 초코라떼도 만들 수 있고, 시럽을 이용해 애칭 아트도 할 수 있어 아이들에게 요리 수업과 미술 수업이 동시에 가능한 창의융합 수업을 할 수 있다는 장점이 있어 아이들 진로체험과 방과 후 활동에 다양하게 활용되고 있다.

아이와 수업하는 동안 은은하게 풍겨오는 커피 향기에 시나브로 힐링하는 시간이었다.

제 5 부

고창의 바람을 찾아서

평창 기행

평창 향토문화유적 탐방 길에 아이와 함께 참석했다. 산을 휘감고 흐르는 연무가 신선의 세계인 양 환상적인 풍경을 자아낸다. 구불구불 고갯길을 지나노라면 전나무와 소나무들이 안개에 젖어 깊은 침묵처럼 신비롭고 고혹한 몸짓으로 절경을 연출하며 위용을 드러낸다.

폐교를 복원해 조성한 예술인촌 '평창무이예술관'은 메밀꽃을 모델로 다양한 작품을 그리는 서양화가, 조각가, 도예가, 서예가 등이 창작활동을 하는 곳이다. 2년여간의 준비 끝에 예술인들이 모여 작업한 많은 작품들을 전시하고 있다.

운동장은 오상욱 조각가의 작품 150여 점이 전시되어 있어 야외조각공원으로 변모하였다. 도자기를 굽는 전통 가마 등 예술인들의 작품 활동 장면을 직접 볼 수 있다. 작업실이자 오픈 스튜디오로 폐교를 활용해 모범적인 예술 프로젝트의 사례로 손꼽히고 있어 수많은 이들이 찾아오는 곳이다. 오래된 느티나무가 내어준 그네에 아이와 함께 몸을 싣고 시원한 바람을 가르며 평창 예술의 기운을 흠뻑 받고, 이효석 생가와 문학관이 위치한 봉평으로 향했다.

봉평에서는 「메밀꽃 필 무렵」의 작품 속 주인공인 허 생원과 성 처녀의 애틋한 사랑 이야기와 메밀꽃의 꽃말인 '연인'에서 영감을 얻어 '소설처럼 아름다운 메밀꽃'이라는 주제로 축제가 한창이다. 봉평의 9월은 염전에 소금이 가을빛을 받아 뽀얀 결정체를 토해내듯이 메밀꽃이 흐드러지게 펼쳐져 아스라한 낭만이 묻어난다. 손대면 뽀얀 물이 금방이라도 터질 것 같은 메밀밭에는 안개빛을 한껏 품고 꽃이 흐드러지게 피어있다. 화려하지도 달달하지도 않은 일상처럼 시리도록 살갑다.

이효석은 1925년 〈매일신보〉 신춘문예에 시 「봄」이 당선된다. 초년 작가 시절, 유진오(俞鎭午)와 함께 도시유랑민의 비참한 생활을 고발한 작품들을 쓰며 카프(KAPF) 진영으로부터 소위 동반작가라는 호칭을 듣기도 한다. 그는 「노령근해」와 같은 정치적 경향이 짙은 작품도 발표한다. 경제적인 곤란을 견디다 못한, 이효석은 스승의 주선으로 총독부 경무국 검열계에 취직한다. 하지만 주위의 지탄과 자괴감에 2년을 넘기지 못하고 그만둔다. 1931년 결혼한 뒤 경성농업학교 영어 교사로 부임하여 비교적 안정된 생활을 찾는다.

그 후 초기의 문학적 경향 요소를 탈피하여 다양한 서정의 세계로 들어서며 「메밀꽃 필 무렵」, 「돼지」, 「산」, 「들」과 같은 단편 작품들을 잇달아 발표했다. 1938년 이후에는 허무주의적 요소가 가득 담긴 「개살구」, 「장미 병들다」, 「화분」 등을 쓴다. 1940년 아내와 둘째 아이를 잃고 극심한 실의에 빠져 만주 등지를 돌아다니다가 건강을 잃은 그는 끝내 뇌막염으로 병석에 누운 지 20여 일 만에 죽음을 맞이한다. 그의 나이 서른여섯이었다.

「메밀꽃 필 무렵」을 쓰게 된 동기와 배경은 다음과 같다. '가까이 지내던 성 씨 집에 옥분이라는 딸이 있었는데 봉평에서는 제일가는 일색이었다. 뒷날 집안 형편이 기울어 이웃 고을인 충북 제천으로 이사를 갔다. 고개에서 뜨는 달과 잔약한 메밀꽃과 머루 다래 같은 산과와 청밀을 고향의 아름다운 추억으로 간직하고 있던 효석은 어릴 때 알았던 곰보 영감과 조봉근과 충주집과 성옥분의 심상에 상상의 허구를 곁들여 명작 「메밀꽃 필 무렵」을 써서 고향에 대한 최대의 헌사를 바친다.'

소설 속 시골 장터 분위기를 느낄 수 있는 전통마당과 봉평장마당을 둘러보며 점심으로 메밀전병과 메밀비빔면을 먹고 '효석문화마을' 일대를 둘러봤다.

징검다리 사이를 흐르는 투명한 물소리와 솔가지를 얹어 만든 나무다리에서 배어 나오는 솔향이 어우러져 홍정천은 파란 하늘빛을 욕심껏 품고 흐르고 있다. 소설 속 '허 생원'과 '동이'가 드나들던 주막인 충주집과 허 생원과 '성 씨 처녀'가 사랑을 나눴던 물레방앗간을 엿보며 소설 속 주인공이 되어본다. 주변에는 소설의 모티브인 메밀꽃이 지천으로 피어 있다. 복원된 이효석 생가는 공사 중이라 바라보는 것으로 아쉬움을 달랬다. 그 외에도 평양에서 살던 푸른 집과 북카페, 집필촌 등도 있어 다양한 체험 거리가 많았다.

나무다리를 건너 산책로를 따라 오르니 '이효석문학관'이 나온다. 선생의 생애와 작품 세계를 연대기별로 살펴볼 수 있는 곳이다. 유품과 초간본, 작품이 발표된 잡지와 신문 등이 전시돼 있다. 문학정원 메밀꽃길 등이 조성돼 있어 꽃길을 걷다 보니 어느덧 문학관 앞에 당도했다.

이효석문학관을 중심으로 문학 프로그램이 진행되는 문학마당은 문학산책, 문학특강, 거리백일장, 독서토론회 등 다양한 문학행사를 하고 있다. 소설 속의 주요 소재인 메밀꽃과 배경인 물가를 활용한 자연마당에서는 남녀노소 누구나 즐길 수 있는 체험 프로그램이 한창이다. 메밀꽃을 배경으로 한 포토존이 인기가 많아 한참을 기다려 사진을 찍었다. 메밀꽃밭 포토존에는 추억의 DJ박스, 사랑의 엽서쓰기, 소원풍등 날리기 등 센티멘털 감성을 자극한다.

소설 속 메밀꽃밭에서의 감동을 느낄 수 있는 자연마당에서 나귀를 타고 메밀꽃밭을 걸어보는 이색적인 체험, 메밀꽃 깡통열차를 타고 메밀꽃을 즐기는 것도 색다른 경험이다.

메밀꽃밭에서 실컷 놀다 보니 돌아갈 시간이다. 가는 길에 율곡 이이와 인연이 깊은 봉산서재에 들렀다. 봉평면 백옥포리 판관대는 신사임당이 율곡 선생을 잉태한 곳으로 알려진 곳이다. 율곡의 아버지가 재직한 수운판관을 따서 판관대라 이름 지었는데, 수운판관이란 세금으로 거둔 곡식을 배로 실어 나르는 일을 하는 관직이다.

동산 위에 올라서니 산수가 아름다운 봉산서재의 주변으로 서쪽에는 모양이 매우 수려한 삼신산이 있고, 평촌리 동남쪽에는 그 모양이 머리에 쓰는 관모와 비슷한 관모봉이 있다. 서재 뒤로는 낮은 산들이 둘러앉아 있고 앞으로는 서쪽 멀리 흥정산에서 발원한 흥정천이 흐르며, 서로 휘감고 돌아가며 산과 물의 하모니를 이루고 있다. 오늘 평창에서 마주한 향토문화 기행 길을 오래도록 기억에 남는 아름다운 명소로 가슴에 새겨본다.

진도 문학기행 1

문학회 회원들과 돌봄센터에 모여 진도 국립남도국악원으로 출발했다. 이순신 장군이 왜적을 크게 무찌른 곳으로 유명한 울돌목 위에 세워진 진도대교를 지나 진도에 입성했다.

국립남도국악원 앞에 도착해 잠시 숨을 고르고, 막간을 이용해 진악당에서 펼쳐지는 국악의 향연을 관람했다. 국악원에서는 매주 주제별로 다양한 공연을 지역민들에게 무료로 시연한다고 하니 '진도에 가면 서화가무를 자랑 말라.'는 말이 왜 나왔는지 알 것 같다. 풍성한 문화환경 속에서 손만 뻗으면 잡히는 곳에 그만큼 예술가들이 많고, 사람들의 심금을 울리는 명창들이 많으니 전통예술의 꽃이 저절로 피어나는 것이 인지상정이리. 바로 이곳에서 진도의 바람을 마주 본다. 공연 관람을 마치고 돌아가는 관객들을 배웅하는 국악원 안내위원들의 한복을 개량한 의상 또한 남도의 얼이 섬세하게 배어있다.

진도자연휴양림 앞에 렌터카를 세워 놓으니 어둠 속에서 해풍에 나부끼는 깃발의 아우성과 어우러지며, 이국적 분위기가 물씬 풍긴다. 늦은 저녁 준비로 맘은 분주하지만, 오랜만에 만끽하는 자유 시간에 입꼬리가 저절로 올라가는 건 숨길 수 없나 보다.

상추랑 쌈장 밑반찬을 준비해 온 사무국장님과 제육볶음이랑 부대찌개를 찬조한 회원, 새우젓과 간식을 챙겨준 회원들의 마음이 더해져 금세 임금님 수라상 부럽지 않은 상차림을 완성해 늦은 저녁을 맛나게 먹었다.

아침햇살에 지절대는 새소리에 눈 비비고 일어나 휴양림 일대를 산책했다. 거북손이 꿀맛이라는데 바위에 딱 달라붙어서 떨어지지를 않는다. 입맛만 다시다 톳 몇 가닥 채취해 데쳐서 아침 밥상에 올렸다.

빡빡한 일정으로 서둘러 아침을 먹고 팽목항으로 향했다. 세월이 흘러도 잊지 못할 그날. 천년이 흘러도 천 번을 불러도 아픔으로 메아리쳐 돌아오는 이름 '세월호 희생자' 304 숫자로만 들었을 땐 관념적으로 들리던 숫자였다. 분향소 한쪽 벽면을 꽉 채운 영정사진 속 아이들의 미소가 너무 해맑아 숨이 콱 막혀 눈앞이 아득해진다.

진도가 좋아 그곳에 둥지를 틀고 사시는 분이 진도의 명소로 강력히 추천해 준 공간이 '나절로미술관'이다. 폐교된 초등학교 5천여 평의 운동장에 이상은 화백이 20여 년간 직접 가꾼 꽃과 나무로 가득한 곳을 갤러리 공간으로 이용하고 있는 아름다운 미술관이다.

나절로는 이곳의 주인인 이상은 화백의 호인데 '스스로 흥에 겨워 산다'는 뜻이라고 한다. 소설가 이병주 선생이 모임에서 화가가 열아홉 살에 쓴 시 '나절로'를 듣고 호로 지어줬단다.

시골의 작은 초등학교가 갖는 강점을 살려 미술관 주변엔 울창한 숲길을 연상케 하는 솔숲길이 있어 나무 그늘막으로 들어서니 초여름 따가운 햇살을 피하기 안성맞춤이었다. 정문으로 들어서면 왼쪽은 갤러리가 있는 교실이고 오른쪽은 작업실이 있다. 이상은 화백의 안내를 받아 담쟁이덩굴로 뒤덮인 아담한 토담집으로 들어갔다. 뒤편에 보이는 방은 소설가 이청준 선생이 생전에 들러 묵어가곤 하시던 공간이다. 차를 마시며 담소를 나누며 문학의 꽃을 피우고, 열매를 맺으며, 또 다른 발아를 꿈꾸는 공간으로 예술인들의 사랑을 받는 곳이다.

토담집 쪽문을 열고 나오니 별천지가 펼쳐진다. 작은 연못을 화백이 직접 못을 파고 돌을 쌓아 만들었다 한다. 뒤편으로 보이는 작은 물줄기가 진도 한복판을 흐르는 큰 강줄기의 근원지이다. 하나의 강줄기가 흐르다 서로 다른 강줄기를 만나 하나가 되어 흐르고, 또 서로 다른 강줄기를 만나 하나 되어 또다시 흐르며 거대한 강물이 되어 바다로 흐른다. 작은 물줄기 앞에서 두 분 회장님과 문학회 회원들이 서로 손잡고 사진도 찍었다. 서로 하나가 되어 손을 마주 잡고 문학회를 이끌어가는 두 회장님을 통해 나루와 당진수필의 커다란 문학의 강줄기를 엿본다.

주인장이 손수 내어준 커피를 마시고 미술관으로 들어섰다. 길게 이어진 복도에는 작품들이 전시되어 있고, 교실과 교실로 이어지는 갤러리는 벽면을 따라 액자 작품이 전시되어 있어 미술관 곳곳에 작가의 열정과 세심한 애정이 배어 있다.

작가의 작품은 대부분 돌을 갈아 돌가루를 내어 석판에 채색해 원시시대 동굴 벽화 같은 느낌을 준다. 돌가루 대신 커피가루, 분필가루도 사용한다고 한다. 학습에 의한 틀에 박힌 그림을 지양해 왼손 작업을 한다고 하니 자유로운 성품과 자신의 몸으로 터득해 아는 것만 세상에 내어놓는 담백하고 소박함이 작품에 오롯이 담겨 있다.

작업 과정을 설명해 주시는 나절로 화백 그림처럼 소탈한 성품이 미술관 곳곳에 배여 있다. 버려진 폐교 위에 세워진 나절로 미술관에 20여 년간 혼신의 힘을 다해 피워 낸 현대미술의 꽃의 향기가 야트막한 산등성이에서 불어오는 바람을 타고 사방으로 퍼져간다.

장전미술관은 서예가 장전(長田) 하남호 선생이 사비를 들여 1989년에 150평에 지상 3층 미술관으로 건립되었다. 서예, 서양화, 동양화, 조각, 고대 자기, 분재 등이 전시되어 있다. 미술관 옆 동산에는 울창한 노송이 우거져 있고, 멀리 여귀산 봉우리가 한눈에 보이는 곳이며, 주변 계곡의 맑은 물과 수림들이 농촌의 그윽한 정경과 고요함이 한 데 어울려 있다. 이곳에 전시된 작품들은 장전 하남호 선생이 소장해오던 작품들이다. 학창 시절 국사책에서 나오는 다산 정약용의 그림, 추사 김정희의 친필, 율곡 이이의 친필 등 유명 인사들의 국보급 글과 그림 등이 다양하게 전시되어 있어 더 친근하게 다가왔다.

지금은 장전 하남호 선생의 아들이 미술관을 운영하고 있다. 관람객을 위해 과일을 내어주는 관장님의 넉넉한 마음처럼 박물관에 전시된 작품을 관람하는 동안 학창 시절 소풍 가서 보물찾기하는 것처럼 재미가 솔찬하다.

진도 문학기행 2

운림산방으로 가는 길 입구에 첨찰산 운림명승지구라는 문구가 시와 그림의 세계를 향한 관문을 열어주며 일행을 맞이한다. 첨찰산 운림명승지구는 소치 허련이 말년에 거처를 하면서 창작과 저술 활동을 하였던 화실인 운림산방과 소치 허련의 생가, 허련의 영정이 모셔져 있는 사당인 운림사, 소치기념관, 진도역사관이 있다. 바로 옆으로는 쌍계사가 위치를 하고 있다.

첨찰산 상록수림에는 동백나무, 후박나무, 참가시나무, 감탕나무들이 어우렁더우렁 해바라기 하고 있다. 상록수림 옆에는 도선 국사가 창건했다는 쌍계사가 있다. 진도에서 가장 오래된 절이다. 첨찰산의 풍부한 목재 때문인지 대웅전의 삼존불상과 시왕전의 지장보살좌상을 비롯한 33구의 조각상들이 모두 나무로 만들어졌다.

소치 허련은 스승인 추사 김정희가 타계하자, 고향인 운림산방에서 말년을 보내며 창작 활동과 저술 활동을 하였다고 한다. 큰 정원을 다듬고 아름다운 꽃과 희귀한 나무를 심어 이곳을 선경(仙境)으로 꾸몄다고 『소치실록』에 기록하고 있다. 쌍계사와 담을 간격하고 있는 운림산방은 남종화의 대가 허유가 귀향해 여생을 보낸 화실이다.

〈연지(운림지)〉

운림산방이라는 이름은 첨찰산 주위에 수많은 봉우리에 피어오르는 깊은 안개가 구름 숲을 이루었다 하여 붙여졌다. 운림산방을 운치 있게 하는 건 운림지이다. 연못에는 하얀 연꽃이 무심한 듯 새초롬하게 피어 있고 중앙에 있는 섬에는 배롱나무 한 그루가 있어 연못 앞에서 산 쪽을 바라보는 모습이 운림산방의 기운을 한껏 느낄 수 있다.

〈소치화실과 가옥〉

돌담으로 둘러싼 안쪽에는 소치가 기거하던 집과 화실이 있다. 첨찰산 봉우리의 곡선과 절묘하게 맞아떨어지는 민도리집 초가로 어린 시절 초가지붕에 하얗게 피던 박꽃처럼 정겹다. 허 씨 집안은 대를 이은 화가 집안으로 허련의 3남 미산 허영과 손자 남농 허건이 남종화의 대를 이었다. 한 집안사람인 허백련이 이곳에서 그림을 익혀 한국 남종화의 성지로 불리기도 한다.

〈소치기념관〉

소치 허련을 기념하기 위해 설립된 '소치기념관'은 남종화의 계보와 활동상을 소개하는 전시관으로 복제화, 수석, 그릇 등 허련의 소장품을 전시하고 있다. 또한 근대 호남 회화사의 흐름을 볼 수 있다. 서화 전시실에는 소치 허련의 '송죽매', '양선죽창' 미산 허영의 '고사선유', '팔곡백납병', 남농 허건의 '양유춘색', '계산유곡' 등 5대에 걸쳐 화가로 활동했던 후손들의 작품들을 전시하고 있다.

〈역사 속에 살아 숨 쉬는 미술관을 엿보다〉

소치 허유 선생은 20대 해남 대둔사의 초의선사에게 학문을 익히고 추사 김정희 문하에서 서화를 배워 일세를 풍미하는 남종화의 대가가 되었다. 시·서·화에 뛰어나 삼절이라 칭송을 받고 있으며, 그의 작품은 강한 느낌을 주는 마른 붓질 산수가 주를 이루고 있다. 또한 노송, 노매, 괴석, 모란 등 문인화에도 뛰어난 재능을 발휘한다.

현종의 총애를 받아 화중지왕이라는 모란을 그려 바쳤으며, 왕실 소장 고서화를 평할 정도로 당대 최고의 화가로 추앙받았다. 200여 년 동안 5대에 걸쳐 9인의 화가를 배출하였고, 그의 후손들 작품들도 볼 수 있는 운림산방은 '살아있는 미술관'으로 알려져 있다.

〈진도타워〉

진도대교를 건너 도착한 진도타워는 망금산 정상에 위치해 있다. 진도군 관광의 랜드마크로 군민들에게 자긍심을 관광객들에게 볼거리를 제공하고 있다. 진도타워(승전광장)는 400여 년 전 이순신 장군을 도와 명량대첩을 승리로 이끈 우리 조상과 진도군민들의 훌륭한 호국정신을 계승시키고자 만든 상징물이다. 7층 전망대에서 바라보면 주변의 다도해와 아름다운 풍광을 감상할 수 있다. 또한 진도대교 아래를 소용돌이치며 흐르는 울돌목의 거센 물살이 한눈에 바라보인다.

2층에는 옛 사진관과 명량대첩승전관, 진도군역사관이 있어 진도의 역사를 말해주고 있다. 불편한 다리에도 1박 2일 여정을 끝까지 동참해 주신 회원, 차량으로 봉사해주신 고문님, 문학회원들에게 힐링의 장을 마련해주기 위해 손을 보태준 모든 분들의 노고와 사랑 덕분에 진도의 서화가무에 흠뻑 취한 행복한 시간이었다.

파주 기행

문화원에서 진행하는 파주 역사 기행을 아이와 함께 참석했다. 버스를 타고 한참을 달려 파주 장릉에 도착했다. 조선 16대 왕 인조와 인열왕후의 무덤이 있는 곳이다. 인조는 광해군 때 인조반정을 통해 왕위에 올라 광해군의 중립 외교정책 대신 반금친명 정책을 추진하며 국방력을 강화한다. 백성의 삶이 어려워지자 강원도에 대동법을 실시하였다. 이괄의 난, 정묘호란과 병자호란 두 번의 국란에 삼전도 굴욕의 치욕과 고생을 겪고 한을 품은 채 승하한다.

장릉은 인조가 왕위에 있을 때 지정한 파주 북운천리에 있었으나, 뱀과 전갈이 석물 틈에 집을 짓자 파주 갈현리로 옮긴다. 왕과 왕비가 합장된 무덤 형태이다. 전통적인 십이지신상이나 구름무늬가 아닌 모란무늬와 연꽃무늬가 새겨진 병풍석이 무덤을 두르고 있다. 중앙에 설치되어 있는 돌로 된 등인 장명등에도 모란무늬와 연꽃무늬가 새겨 있는데 이는 17세기 석물 문양의 특징을 보여주는 예이다.

장릉을 뒤로하고 우계 기념관에 도착했다. 성리학의 대가이자 우리나라 18현 중 한 분인 성혼 선생은 백인걸의 문하에서 학문을 배우고 이이와 사귐을 가지며 평생지기가 된다. 선조 때에는 이황을 만나 깊은 영향을 받는다. 기념관 인근에 묘소 입구 오른쪽으로 김상헌이 글을 짓고, 김집이 글씨를 쓴 신도비가 있고, 묘를 정면으로 오른쪽에는 김집이 글을 짓고 윤순거가 글씨를 써서 세운 묘비가 있다.

구불구불 산길을 달려 임진강이 한눈에 내려다보이는 율곡리 언덕 화석정에 도착했다. 율곡 이이의 아호는 이 마을 이름에서 비롯했다. 여름빛을 한껏 머금은 강물은 푸른빛을 띠며 바람을 품고 유유히 흐르고 있다. 파평산을 휘감아 흐르다 임진강에 합류하는 눌로천 변을 예전에는 우계라고 불렀다 한다. 성혼의 아호 또한 고향 마을의 땅이름에서 비롯됐다. 임진강 아래 대학자 율곡과 우계의 치열했던 학문과 우정이 쌍벽을 이루던 역사의 서사시는 강물이 되어 흐르고 있다.

율곡과 우계는 이웃해 살았던 것은 물론 학문으로 이어진 친구 사이였다. 두 사람은 조선 성리학을 정립하는 데 기여한 일대 논쟁을 펼친다. 우율 논변이라고도 하고 우율 왕복문답서라고도 불린다.

이렇듯 절친했던 두 사람이지만, 당신들의 뜻과는 상관없이 훗날 율곡학파와 우계학파의 시조(始祖)로 다른 길을 가게 된다. 정치적으로도 율곡은 서인과 노론의 종장, 우계는 서인에서 분파한 소론의 영수로 파당을 달리하게 된다. 학문적 견해차가 학맥을 가르고, 갈라진 학맥이 다시 정치적 색채를 구별하는 결과를 빚었으니, 역사의 회오리바람에 산산이 부서진 두 사람의 우정이 비바람에 출렁이는 임진강 줄기와 닮아있다.

화석정은 율곡의 5대조 부인 이명신이 1443년 세운 것을 증조부 이의석이 보수하고 이숙함이 '화석정'이라 이름 지었다 한다. 중국의 칙사 황홍헌이 이곳을 찾아와 시를 읊고 자연을 즐겼을 정도로 풍광이 아름다운 곳이다.

임진왜란 당시 선조가 의주로 피난 갈 때 폭우가 쏟아지는 밤 화석정에 불을 붙여 강을 건넜다는 일화는 유명하다. 이미 세상을 떠난 율곡이 이런 날을 대비해 부지런히 화석정에 기름칠을 했다는 설명이 더해진다. 과장된 면이 있지만 '임금이 곤경에 처했는데도 지척에 살면서 나와 보지도 않았다.'는 우계에 대한 비난이 더해지면서 정치적 논란거리가 되기도 했으니, 오늘날의 위정자들의 모습을 보는 것 같아 마음이 씁쓸하다.

자운서원은 율곡 사후에 지어진 곳으로 그의 본가가 있었던 지역에 지어진 서원이다. 넓고 편안하고 깔끔한 분위기의 공원으로 꾸며져 있어 가족 나들이 장소로도 안성맞춤이다. 아이와 함께 풍경을 감상하며 서원으로 들어서니 왼쪽 언덕으로 숙종 때 명필 김수증이 썼다는 자운서원 묘정비가 있고, 안으로 더 들어가니 율곡기념관과 자운서원이 나온다.

율곡 이이를 이야기할 때면 빠지지 않는 사람이 신사임당이다. 율곡은 신사임당의 친정이 있는 강릉에서 태어났지만, 본가는 파주에 있었다. 여섯 살이 되던 해에 파주 율곡리인 본가에 들어오고, 열세 살에 진사 초시에 합격을 하니 율곡이 뛰어나기 때문이기도 하겠지만, 어머니의 교육의 덕이 크다.

자운서원 율곡기념관에 전시된 유물 중 많은 부분이 신사임당과 관련한 유물이다. 어머니이자 시인으로, 화가로 재능 있는 삶을 살았던 그녀의 모습을 살펴보았다.

퇴계 이황과 율곡의 학문적 교류 또한 빼놓을 수 없는 부분이다. 나이 차가 30살이 넘음에도 불구하고 서로를 존경하며 학문적 교류를 했다. '이기이원론'을 주장했던 이황과 '이기일원론'을 주장했던 이이 사이의 논쟁은 조선 성리학의 기틀을 마련하는 주춧돌이 된 사건이다.

자운산 기슭에 자리한 가족묘로 향했다. 아름다운 홍송에 둘러싸여 멀리 임진강이 보이는 곳에 율곡의 가족묘가 자연과 조화를 이루며 찾는 이들에게 힐링의 공간을 내어주고 있다.

하회마을을 품다

밤늦게 하회 마을에 도착하여 류정 고택에 짐을 풀었다. 돌담 밑 장독대 위로 은은한 달빛이 비치며 밤늦게 찾아온 손님을 맞이한다. 설레임에 마당에 나와 달맞이를 했다. 양팔을 넓게 벌리고 숨을 깊게 들이마셨다. 일상의 답답하던 체증이 청량한 달빛 맞이에 시나브로 사그라들었다.

단잠을 깨우는 새들의 지저귐에 눈이 저절로 떠졌다. 하회 마을을 감싸고 낙동강 어린 강줄기가 유유히 흐른다. 고요한 아침 풍경이 눈이 시리도록 아름답다. 연한 녹음에 휘감긴 만송정 솔숲길을 따라 걸었다. 논길을 따라 마을에 들어섰다. 기와집 돌담을 타고 넘어 꽃을 피운 능소화가 햇살 조명처럼 지나는 이의 발걸음을 잡아둔다. 초가집의 꽃과 나무로 이뤄진 담장도 한결 운치를 더한다.

안동찜닭과 간고등어로 아침을 먹었다. 본격적으로 하회마을 탐방에 나섰다. 마을 안내문 맞은편에는 초록빛 연잎으로 가득한 연못이 있다. 초록빛 연잎 사이로 청초한 연꽃이 하얀 자태를 뽐내고 있다. 스무 명이 안 돼는 관계로 문화 해설사의 안내를 받지 못해 난감한 상황이다. 일행을 두 팀으로 나눠 마을을 탐방하려는데, 인상 좋으신 마을 어르신의 동행으로 병산서원으로 향했다.

병산서원은 풍산 류 씨의 교육기관으로 서애 류성룡이 후학 양성에 힘쓰던 곳이라 한다. 서원의 만대루 누마루를 지탱하는 다리가 눈에 들어왔다. 곧은 목재가 아닌 휘어진 본연의 모습이어서 더 눈길이 머문다. 곧고 바른 나무가 아닌 휜 나무가 꿋꿋이 제 몫을 하고 있었다. 잘난 사람만이 사회를 지탱하는 게 아니리. 부족하면 부족한 대로 사회의 중요한 일원이 되는 것이 아닐까. 병산 서원을 둘러본 후 부용대로 향했다.

부용대는 하회마을의 서북쪽 강 건너로 광덕리 소나무 숲에 있는 64m 기암괴석의 절벽이다. 낙동강 어린 강줄기의 침식 작용으로 강기슭에 단애(斷崖)*가 발달하였다. 태곳적부터의 오랜 침식의 산물이 '부용대'라는 뛰어난 경관을 이뤘다. 바라만 봐도 절로 감탄사를 연발하게 한다. 중국 고사에서 따온 것으로 연꽃을 뜻한다. 하회마을이 들어선 모습이 연꽃 같다는 데서 유래했다고 한다. 이곳에서 하회마을이 한눈에 보였다. 부용대 주위로는 옥연정사, 겸암정사, 화천서원이 자리하고 있다.

화천서원 왼쪽에 난 등산로를 따라 걸으니 이마에 송글송글 땀방울이 맺힌다. 소나무와 참나무가 어우러진 등산로를 따라 산 중턱까지 올랐다. 가쁜 숨이 턱까지 차오른다. 지친 발걸음을 멈추니 개망초, 애기똥풀이 산들바람에 흔들리며 솔향기를 전한다. 뫼꽃을 따라 걷다 보니 어느덧 부용대 정상이다. 맨몸으로 풍한을 막아낸 기형적으로 굴곡진 소나무가 고고(孤高)히 일행을 맞이한다.

부용대 정상에서 하회마을을 내려 보았다. 거대한 S자를 그리며 흐르는 낙동강 물줄기가 하회마을을 감싸며 휘돌아 나간다. 백산의 지맥인 화산(火山)에서 뻗어 난 어린 산줄기가 잦아들며 논과 밭을 이룬다. 그 끝자락이 충

---

* 단애(斷崖) : 수직 또는 급경사의 암석사면.

효당 뒤뜰까지 이어지며 기와와 이엉을 얹은 초가집들이 모여 마을을 이룬다. 마치 어머니의 탯줄과 연결된 생명체의 형상이다. 오랜 가뭄에도 한껏 연꽃 모양의 자태를 뽐내는 마을의 초연한 정경이 평온하고 풍요롭다. 수많은 꽃들을 키워낸 화산에 스며든 낙동강의 생명력이 서애(西厓) 류성룡이란 대인배를 키워냈나 보다.

류성룡은 퇴계 이황의 수제자로 임진왜란 때의 상황을 기록한 징비록을 저술했다. 징비란 '미리 징계하여 후환을 경계한다.'란 뜻이다. 학봉 김성일과 함께 퇴계학파의 쌍벽을 이루던 인물로 49세에 우의정에 올라 당시 무명이던 지방군인 이순신과 권율 장군을 발탁했다. 참으로 뛰어난 혜안을 가진 시대의 리더라 할 수 있겠다.

충효당은 조선시대 유학자로 이름을 떨쳤던 류성룡의 종택이다. 양진당과 화경당에 비해 다소 소박한 느낌의 종택이다. 이 소박함 속에 평생을 청렴하게 사신 류성룡 선생의 정신이 깃들어 있다. 류성룡은 벼슬에서 물러나 작은 초가에서 여생을 보내다 세상을 떠났다. 이에 제자들이 그의 학덕을 추모하기 위해 충효당을 지은 것이다. '나라에 충성하고 부모에 효도하라.'를 항상 강조하시던 이야기에서 비롯했다고 전해진다.

2010년 유네스코는 경주의 양동마을과 함께 안동 하회마을을 세계문화유산으로 지정했다. 하회마을이 세계문화유산으로 등재된 것은 마을에 당당히 깃들어 있는 우리네 고유의 정신문화 때문이다. 유교의 기본 정신인 인 · 의 · 예 · 지 · 신 다섯 개 덕목이 하회마을 곳곳마다 깃들어 있다.

하회마을의 또 다른 문화유산으로는 '하회별신굿 탈놀이'이다. 유교가 양반 중심의 문화인 반면 하회별신굿 탈놀이는 상민들의 놀이 문화로 당시의 사회상을 대변하는 놀이이다. 인상 사나운 백정에 허리 꼬부라진 할머니, 속세를 버리지 못한 파계승, 유교 관념의 오해로 겉치레에 급급한 선비와 양반 등의 탈을 쓰고 춤판을 벌이고 이야기를 나누며, 양반과 종교의 위선을 폭로하고 풍자한다. 이로써 신분 사회에 만연한 계급 간의 갈등을 놀이를 통해 풀어내는 해학이라 할 것이다.

마을 중심에는 육백 년생 느티나무가 자리 잡고 있다. 삼신당 주위로 위세 등등한 기와집과 소박한 초가집이 조화를 이룬다. 주위로는 논과 밭이 끊임없이 먹거리를 제공한다. 마을 곳곳에 배어있는 양반의 유교 문화와 서민의 놀이 문화, 농경문화가 어우러져 시대의 희로애락이 살아 숨 쉰다. 연꽃 형상의 아름다운 하회마을이 육백 년의 시간을 끊임없이 정화하며 문화를 꽃피운 것이 아닐까.

부용대 아래로 흐르는 강 위로 나룻배가 유유히 여행객을 실어 나른다. 나룻배가 지난 자리에 햇살이 부서지며 오색빛 물비늘이 반짝인다. 풍요가 넘치는 물질문명 속 허기뿐인 삶에 오늘은 맘껏 하회마을을 품었다.

보령 기행

생명을 잉태한 여인의 형상이 이러할까. 태고의 숨결을 간직한 산들이 모란 꽃잎처럼 켜켜이 성주사지터를 감싸며 역사의 향기로 피어있다. 성주사지 터 전면으로 고고히 흐르는 성주천은 무심한 듯 한때의 영화를 물에 새기며 서민들의 애환을 담고 보령 앞바다로 흘러간다.

성주사는 신라 말기 구산선문 중 하나로 전국적으로 가장 번성했던 사찰이다. 역사의 소용돌이 속에 이제는 탑비와 석탑만이 남아 옛 영화를 짐작게 한다. 『삼국사기』에 의하면 성주사는 백제 법왕에 의해 오합사라는 이름으로 창건된다. 법왕이 왕자일 때 삼구전쟁으로 희생된 전몰자의 영혼을 위령하는 뜻으로 세운 절이었으며, 창건 당시부터 백제의 중심 사찰이었다.

통일신라 말에 이르러 성주사라는 이름으로 불린다. 성주사를 문자 그대로 풀면 신라 말기 무염국사를 일컫는 성인이 은거하는 절이라는 뜻이다. 무염 국사가 성주사의 주지로 있을 당시 공양 쌀을 씻으면 뜨물이 성주천을 지나 십여 리 떨어진 개화리까지 흘러갔다고 전해지는 큰 규모의 절이었다.

성주사는 숱한 전란 가운데서도 증축, 개축을 통해 꾸준히 명맥을 이어왔기에 성주사지에서는 백제시대에서 통일신라, 고려, 조선 초에 이르기까지 유장한 역사의 유물이 발굴되고 있다. 성주사에 대한 마지막 역사적 기록은 『동국여지승람』에 '성주산 북쪽에 있는데 대낭혜화상의 부도비가 있다.'는 것이다. 이를 근거로 임진왜란 때 소실되어 다시는 복원되지 못한 것으로 추측한다. 보령시에서는 1990년부터 발굴과 복원에 힘을 쏟으며 예전의 찬란했던 영화를 되찾으려 하고 있다.

사적 307호로 지정된 성주사지에는 낭혜화상백월보광탑비, 오층석탑, 중앙삼층석탑, 서삼층석탑, 지방문화재인 동삼층석탑과 석계단과 석등이 있다. 그간 발굴 조사에 의해 금장지, 삼천불전지, 회랑지, 중문지 등의 건물터가 있다. 지금은 그 터와 몇몇 유물만이 남아 있어 옛 성주사의 모습을 짐작게 할 뿐이지만, 교육 효과가 높은 살아있는 교육의 현장이다.

'숭엄산 성주사' 기획특별전을 개최하고 있는 보령박물관으로 향했다. 이번 전시는 성주사의 그동안의 발굴성과를 일반에 공개하는 첫 번째 전시로, 김립지가 지은 성주사비 조각, '대덕 5년 박린'이 새겨진 청동 광명대 등 국립부여박물관, (재)백재문화재연구원, 호림박물관, 동국대학교박물관 등 4개 기관 소장 250여 점의 유물을 전시하며, 성주사지의 창건 이전부터 폐사될 때까지 1000여 년에 달하는 오랜 역사의 변천 과정을 살펴볼 수 있도록 구성했다. 이번 기획특별전을 통해 성주사지의 꽁꽁 숨겨졌던 속살을 한눈에 살펴볼 수 있는 좋은 기회였다.

바다와 민물의 경계가 한눈에 바라다보이는 수영성에 올랐다. 보령항에 정박한 작은 어선들은 출항을 기다리며 어구를 손질하느라 손길이 분주하다. 수영성은 오천면 소성리에 있는 조선시대의 석성이다. 면적이 125,326㎡에 달한다. 1509년 수군절도사 이장생이 서해를 통해 침입해 들어오는 적을 감시하고 물리치기 위하여 쌓았으며 1896년 폐영 되었다고 한다.

오천항은 백제 때에는 회이포로 불렸으며, 고려 때는 왜구가 자주 침범하자 군선을 두었다. 축성 당시에는 사방에 4대 성문과 소서문이 있었다. 동헌을 포함해 영보정 · 대섭루 · 관덕정 · 능허각 등의 건물은 허물어져 사라졌고, 서문인 망화문을 비롯해 진휼청 · 장교청 · 공해관 등의 건물이 남아 있다. 망화문은 아치형 출입구로 화강암이다.

한양으로 가는 조운선을 보호하는 역할을 하면서 왜구가 침탈하는 것을 감시하였고, 근대에는 이양선을 감시하는 역할을 하였다. 충청도 지역의 수군 지휘부로 수군 편제와 조직을 살펴볼 수 있는 중요한 자료가 되고 있다. 충청남도 기념물 제9호 보령 오천성으로 지정되었다가 사적 제501호로 승격 지정되었다.

보령은 바닷길을 따라 천주교가 전파된 곳이다. 갈매못 순교지는 천주교 병인박해 때 서울에서 사형 선고를 받고 보령에 있는 충청수영으로 이송된 다섯 성인이 수영 근처의 바닷가 모래사장에서 군문효수형을 당한 장소로 현재 순교자기념비, 기념관, 사제관, 수녀원 등이 건립돼 있다.

병인박해 때 많은 신자들이 순교했으며, 다블뤼 주교의 유품과 유물이 소장돼 있는 역사적으로 중요한 가치를 지니고 있는 성지이다. 페레올 주교와 김대건 신부의 요청으로 다블뤼는 충청남도의 강경에 도착하며, 조선에서 목회를 시작해 2년 만에 1700명에게 세례를 준다. 그는 건강이 악화된 중에서도 라틴어를 가르치고 한국어-프랑스어 사전과 여러 천주교 서적을 집필하고, 조선 순교사를 집필하며 조선 천주교의 역사를 연구하였다. 베르뇌 주교가 순교하자 다블뤼 주교가 조선 대목구장 승계를 한다. 1866년 그를 돕던 황석두 루카와 함께 체포돼, 한양의 감옥으로 압송된 후 갈매못에서 사형을 받게 된다. 다블뤼 주교는 갈매못에서 참수되었다. 당진 신리에 다블뤼 유적지가 있다.

보령 기행을 마치고 당진으로 돌아오는 길에 토정비결로 많이 알려진 이지함 가족묘에 들렸다. 서해가 한눈에 들어오는 예산 대술리 산기슭에 위치한 이지함의 묘비는 화강암이며 직사각형의 대좌와 비신이 있다. 비문은 유언대로 간략하고 문석인은 치장이 거의 없는 검소한 묘이다.

일찍 아버지를 여의고 생애의 대부분을 마포 강변의 흙담 움막집에서 청빈하게 지내 토정이라는 호가 붙었다. 형에게 글을 배우고 서경덕 문하에서 수학하였다. 1578년에 아산 현감이 되어 걸인청을 만들어 관내 걸인의 수용과 노약자와 굶주린 자의 구호에 힘쓰다가 사망하였다.

토정 이지함은 이색의 후손으로 유학을 비롯하여 도장사상, 천문, 지리, 산술 등 다양한 학문에 뛰어난 재주를 가졌던 걸출한 인물이다. 『토정비결』의 저자이며 양반의 신분이지만, 부조리에 맞서 싸운 실천형 혁명가이다.

현실의 부조리에 맞서 싸운 아웃사이더이자 신분제 사회였던 조선에서 천대받는 백성들의 편에 서서 새로운 세상을 만드는 꿈을 포기하지 않았던 이지함. 또한 궁핍한 백성을 위해 제시했던 '3대 창고론'과 빈민 구제를 위해 만든 조선 최초의 사회복지기관 '걸인청' 등을 통해 오늘날에 견주어도 유효한 사상과 안목을 지닌 선각자이다. 토정비결은 정해진 운명을 말하는 것인 줄 알았는데, 부조리에 맞서 백성들의 삶을 바꾸고자 했던 토정의 애민이었나 보다. 오늘 보령 기행을 하며 내 삶의 과거와 현재가 만들어가는 미래의 삶을 엿본다.

공주 탐방

충남학 역사 기행의 일환으로 공주 탐방을 했다. 차를 타고 공산성 입구 주차장에 도착해 공산성에 올랐다. 용의 모습을 닮은 공산성을 감싸고 금강 비단빛 물줄기가 굽이굽이 흐른다. 가을 햇살이 부서져 내리며 강줄기에 금가루를 풀어놓았나 보다. 칠백여 년 백제의 역사를 물비늘에 되새기며 유유히 흐르고 있다.

공산성은 백제 문주왕 1년에 한산성에서 웅진으로 천도한 후, 부여로 천도할 때까지 64년간 공주를 수호한 성이다. 백제시대의 토성이었던 것을 조선시대 때 석성으로 다시 쌓았다. 성 안에는 웅진 도읍지로 추정되는 왕궁지를 비롯해 백제시대 연못 2개소, 고려시대 때 창건한 영은사, 조선시대 인조 대왕이 '이괄의 난'을 피해 머물렀던 쌍수정과 사적비, 남문인 진남루, 북문인 공북루 등이 남아 있다.

동문과 서문은 최근에 복원해 금강과 울창한 숲이 어우러져 절경을 이루고 있다. 아이와 함께 공산성을 둘러보았다. 성이라기보다는 어릴 적 뒷동산에 올라 뛰어놀던 것처럼 친근한 풍경이다. 웅장하고 화려한 아름다움은 없지만, 성안 곳곳에 배어있는 '절제'와 '중용'이 어우러져 검소하고 사치스럽지 않은 백제의 아름다움을 고스란히 간직하고 역사의 한 페이지를 장식하고 있다.

공산성을 내려와 공주박물관으로 향했다. 박물관 상설 전시장엔 무령왕릉에서 출토된 금제관식과 석수 등을 포함하여 국보 14건 19점, 보물 4건 4점 등 중요 유물 약 1000점 등이 전시되고 있다. 전시실은 무령왕릉실, 웅진문화실, 야외정원의 3곳의 상설전시공간과 1곳의 특별전시실로 구성되어 있다.

1층 무령왕릉실은 발굴을 통해 출토된 유물 중 선별하여 묘지석, 왕의 관식, 다리작명 은제팔찌 등이 전시되어 있으며, 왕과 왕비의 목관도 복원되어 있다. 특히 3D영상시스템을 갖추어 관람객들이 출토유물의 모든 면을 직접 관찰할 수 있게 하였고, 무령왕릉과 관련된 영상물도 상영하고 있다.

2층 웅진문화실은 천안 용원리 유적, 공주 송산리 고분, 공산성 출토품 등 총 130여 점이 전시되어 있다. 특히 최근 높은 관심 속에 발굴되어 4~5세기 무렵 공주지역 지방 세력의 존재를 밝혀준 공주 수촌리 백제고분 출토품들도 공개되어 있다. 이와 함께 통일신라 이후 이 지역의 백제적 전통을 보여주는 계유명삼존천불비상 등 불교 미술품들을 전시하고 있으며, 웅진문화 관련 영상물도 상영하고 있다. 박물관 재정비로 웅진문화실은 1층 한쪽에서 전시하고 있어 아쉬웠다.

백제는 마한의 소국가 중 하나인 백제국으로 출발해 고대국가로 성장한다. 백제의 성장기반은 마한의 다양한 문화와 선진기술로 말미암았다. '마한 속에 백제, 금강을 품다'를 주제로 열리는 특별전시실에는 마한 유적의 발굴 유물인 청동기문화와 철기문화의 만남, 농경문화를 기반으로 한 사회의 유물들을 만나 보았다.

야외정원에서는 반죽동의 대통사지 석조와 웅진동 서혈사지의 석조여래좌상 등 공주 일원에서 출토된 70여 점의 석조미술품들을 전시하고 있다. 공주 곳곳이 살아있는 박물관이라 해도 모자를 정도로 백제의 옛 영광을 품은 공주는 수많은 문화유산의 보고였다. 공주박물관 주변으로 한옥마을도 형성되어 있어 아이들과 숙박하며 둘러보아야 공주의 진면목을 만날 수 있을 것 같다.

공주박물관의 원형 송산리고분군으로 가는 길 몸보다 마음이 앞선다. 백제는 중국에서 받아들인 도시계획, 건축기술, 예술 및 종교를 백제만의 독창적인 문화로 발전 시켜 주변 국가로 전파했다. 웅진백제 시대의 왕과 왕족의 무덤인 송산리고분군에서는 백제가 동아시아 교류의 거점이었음을 증명하는 귀중한 사료가 다수 발견됐다. 1971년 배수로를 공사하던 중 1500년 전 원형의 피장자의 신분을 알 수 있는 국내 유일한 고대 왕릉인 무령왕릉이 발견된다.

현재 송산리고분군은 보존상의 문제로 1997년 문화재청이 비공개 결정을 내렸다. 대신 5호분과 6호분, 무령왕릉을 실제 크기로 정밀하게 재현한 모형전시관을 개관해 공개하고 있다. 벽돌의 문양과 벽돌 쌓기 방식, 무덤 형태, 벽화 등 시대에 따른 무덤 양식의 변화를 살펴보기 좋다. 무령왕릉 부장품 모형을 발견 당시 모습대로 재현 · 전시하고 있어 백제 왕조의 독창적인 문화를 답습하기에 부족함이 없다.

송산리고분군 입구 웅진백제역사관에서 송산리고분 모형전시관을 둘러보았다. 웅진백제역사관 뒤편으로 송산리고분군은 동쪽엔 1~4호분이 있고, 서쪽에 5~6호분과 무령왕릉이 자리하고 있다. 송산리고분군의 1~5호분은 돌로 널방을 만든 후, 천장을 돔 형태로 둥글게 처리한 굴식돌방무덤이고, 중국 남조의 영향을 받은 것으로 전해지는 6호분과 무령왕릉은 널방 앞에 짧은 터널형 널길이 있는 벽돌무덤이다.

옛 왕조의 영광을 뒤로하고 공주 마곡사로 향했다. '택리지', '정감록' 등에서 물과 산이 태극형이라고 하여 전란을 피할 수 있는 십승지지의 하나로 꼽고 있는 곳이다. 창건 및 사찰명에 대한 두 가지 설이 있다. 첫째는 당나라에서 귀국한 자장이 절을 짓고 낙성식을 할 때 '법문을 듣기 위해서 찾아온 사람이 삼대와 같이 무성했다.'고 하여 마곡사라고 하는 설이 있다. 둘째 설은 신라의 무염이 스승인 마곡보철을 사모하는 뜻에서 마곡사라고 하였고, 이곳에 마 씨 성을 가진 사람들이 살았기 때문에 마곡사라 하였다는 설이 전해지고 있는 곳이다.

마곡사 곳곳에는 김구의 발자취가 깊이 새겨져 있다. 명성황후 시해에 가담한 일본인 장교 쓰치다를 황해도 안악군 치하포 나루에서 죽인 김구는 인천형무소에서 옥살이를 하다가 탈옥해 절에 숨어서 승려를 가장하며 살았다. 대광명전 앞에는 김구가 심은 향나무가 있다. 옆에는 '김구는 위명(僞名)이요 법명은 원종(圓宗)이다.'라고 쓴 푯말이 꽂혀 있다. 아이와 함께 향나무 앞에서 사진도 찍고 영산전으로 향했다. 영산전은 조선 중기의 목조건축 양식으로 건축했다. 현판의 필적은 세조가 김시습을 만나지 못하고 돌아가며 남겼다는 일화가 전해지고 있다.

2층 건물의 대웅보전은 조선 중기의 사원 건축 양식을 이해하는 데 귀중한 가치가 있는 문화재다. 건물의 기둥을 안고 한 바퀴 돌면 6년을 장수한다는 전설이 전해지고 있다. 대광보전 앞에 오층석탑은 인도에서 가져온 것이라고도 하나, 라마교 탑과 비슷하여 원나라의 영향을 받은 것으로 보고 있다. 임진왜란 시 탑이 무너져 안의 보물들이 도난당했으나, 1972년에 수리할 때 동제 은입사향로와 문고리가 발견되었다. 이 탑은 전 국민의 3일

기근을 막을만한 가치가 있다는 전설이 있다. 한국 · 인도 · 중국 등 세계에서 3개밖에 없는 귀중한 탑이라고 한다.

마곡사는 '춘마곡추갑사'라는 말이 전해질 만큼 봄 경치가 뛰어난 절이다. 마곡사 앞 냇가 암벽에는 부여 고란사에만 있는 것으로 알려졌던 고란초가 자생하고 있다. 냇가에 흐르는 물소리와 가을바람이 배어나는 매미소리, 풀벌레 소리가 어우러진 가을날의 고즈넉한 풍경소리를 들으며 공주기행을 마무리했다.

고창의 바람을 찾아서

전라북도 방문의 해를 맞이해 당진문학인들과 문화원 회원들이 함께 고창으로 향했다. 쉼 없이 달려 도착한 곳은 자를 대고 그은 것처럼 일직선으로 누워있는 명사십리 해변 구시포 해수욕장이다. 짭조름한 바닷바람과 파도가 만들어 놓은 백사장은 시간의 주름을 그대로 새겨 놓은 양 물결의 형상을 그대로 드러내며 단단한 바닷길을 사람들에게 내어 주었다. 바닷길에 내 삶의 흔적을 살짝 새겨놓고 송림마을로 향했다.

송림마을 뒷동산에 소박하게 지어진 150년 정도 된 진을주 생가가 자리하고 있다. 생가 입구에는 추운 겨울 가장 먼저 노란꽃을 피운다는 납매가 씨앗을 품고 여물어 가고 있다. 반갑게 일행을 맞이해 주시는 진동규 시인의 안내와 꽃바람을 맞으며 뒷동산으로 향했다. '송림산 휘파람' 시비 뒤에서 일생을 문학을 위해 힘쓰신 시인을 기리며 사진도 찍었다. 시비 앞쪽에는 태초에 혼돈 속에 물과 뭍이 드러나면서 생긴 자연 규석이 있었다. 잉어가 물에서 뛰노는 형상이 마치 후배 문인들에게 맘껏 기량을 펼칠 수 있는 문학이라는 큰 물길을 터주고 용트림하는 시인의 모습과 같았다.

시인의 조카 진동규 시인과 지구문학 고창지부 회원들의 따뜻한 환영 인사를 나누었다. 늦어진 일정으로 일행들의 주린 배를 정성껏 준비해 주신 수육과 선운산 동동주로 채우며 문우지정을 나누었다. 짧은 만남의 기쁨을 뒤로하고 다음 장소로 이동하는 우리들에게 손수 작품집을 나눠주시고, 맛있는 젓갈을 싸주시며, 하나라도 더 챙겨주지 못해 아쉬워하시는 진동규 시인의 모습이 세속에 물들지 않은 시인의 마음 자체였다. 문학의 길을 걸으며 문학관까지 운영하기도 빠듯할 텐데 아낌없이 내어주시는 손길이 무더위에 마시는 생수보다 더 달게 느껴졌다. 과연 척박한 삶 속에서 가장 먼저 문학의 꽃을 피운 문학의 고장다운 넉넉함을 선물 받은 행복한 시간이었다.

한국의 셰익스피어로 불리는 신재효 고택에 방문했다. 서민들 사이에 불리던 광대소리를 여섯 마당의 판소리로 집대성하시며 금자탑을 이루신 분이다. 당시 천대받던 광대와 우리말 우리글을 사랑하고 보급하는데 헌신하신 분이다. 판소리 연구학자들은 동리 선생이 소리는 못 했으나 소리를 이해하고, 사설과 소리의 궁합을 맞출 정도로 뛰어난 음악적 소양을 지닌 인물이자 귀명창이셨다고 전하고 있다. 생가 뜨락 한편 우물 뒤 담벼락에는 그의 노래비가 세워져 있다. 그와 얽힌 일화가 '도리화가'라는 노래다. 제자이면서 애인이었던 조선 최초의 여성 명창 진채선이 대원군의 인정을 받아 운현궁의 기생이 되어 돌아오지 못하자 지은 것이다. 제자를 향한 그리움이 운현궁에까지 전해지고 채선은 고창으로 내려와 스승의 임종을 지키고는 자취를 감추었다 전하고 있다.

옛 연인의 절절한 사랑을 뒤로하고 고창읍성으로 향했다. 고창읍성은 조선 단종 원년(1453년)에 왜침을 막기 위해 전라도민들이 유비무환의 슬기로 축성한 자연석 성곽이다. 모양성이라고도 불리는 이성은 나주진관의 입

암산성과 연계되어 호남 내륙을 방어하는 전초기지로서 국난극복을 위한 국방 관련 문화재로 보존되고 있는 성이다. 평지와 산을 아우르며 이어 쌓은 평산성이다. 성의 역사를 말해주듯 오백 년 이상의 아름드리 노송들이 빼곡하다. 길을 따라 서문 쪽으로 향하니 맹종죽림이 곧게 뻗은 모습으로 하늘길을 내어주었다. 옛 중국에 맹종이라는 효자가 병든 노모에게 먹일 죽순을 찾아 나섰다 결국 찾지 못하고 서러워 흘린 눈물이 떨어진 자리에 솟아났다고 해서 맹종죽림의 유례가 되었다 한다.

하늘길을 바라보며 걷다 보니 왕대나무를 휘감고 올라가는 노송이 조화롭게 공존하며 한 폭의 풍경을 이루고 있었다. 소나무처럼 꿋꿋하고 대나무 같은 곧은 절개를 뜻하는 '송죽지절(松竹之節)'의 정신으로 내 삶의 기준점이 되어주는 듯했다. 개인과 사회가 조화를 이루는 '공존과 상생' 의 세상을 향해 문학인으로서 한발 앞서 나갈 수 있는 귀한 시간이었다.

고창은 오랜 역사와 풍류를 자랑하는 고장이다. 역사의 숨결을 느낄 수 있는 문화유적부터 빼어난 자연경관들, 입맛을 돋우는 음식까지 한눈팔 틈새 없이 빼곡하게 보낸 값진 하루였다. 팔 할의 바람이 키워낸 문화 예술인들과 지금도 문화 예술의 맥을 이어가는 수많은 문화 예술 지망생들의 힘이 고장의 숨은 원동력이리라.

집으로 향하는 버스 안이 왁자지껄하다. 고창에서의 감흥을 서로 문학으로 풀어내느라 여념이 없다. 시를 낭송하고, 수필을 낭송하며, 당진에서도 심훈 선생의 상록수정신을 이어받아 문학관도 설립하고 문화 예술의 꽃을 활짝 피울 수 있는 새로운 바람을 일으킬 기세이다. 앞으로의 당진문학의 행보가 맑음이다.

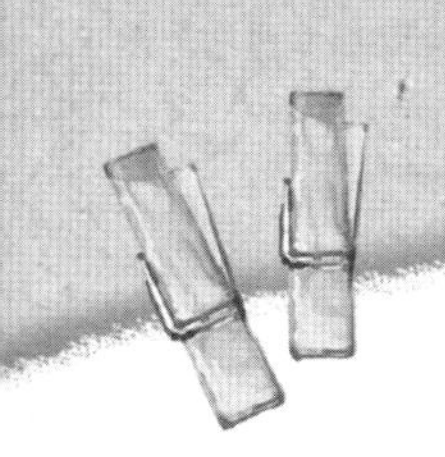

팸투어

눈이 소담스럽게 내리는 날 새벽 첫차를 타고 신사역에 도착했다. 햄버거와 커피로 아침을 먹고 충남영상위원회에서 주최하는 2017 팸투어를 떠났다.

FAM TOUR란 Familiarization Tour의 약자로 사전 답사 여행이라는 뜻이다. 지자체들이 단편적이고 일률적인 홍보에서 벗어나 블로거나 영상 관계자들을 초청해 지역의 명소나 축제, 주요 관광지를 발굴하고 취재케 하는 형태다. 눈길로 일정이 늦어져 괴목정은 패스하고 무상사로 향했다.

소복이 내려앉은 눈에 마음을 뺏겨 고적한 풍경을 바라보는 사이 무상사 입구에 도착했다. 옆으로 계룡산 자락인 향적봉 등산로가 보이고 무상사 아래에 봄이면 벚꽃으로 주변이 화사하게 꽃물로 수를 놓던 저수지는 눈 속에 모습을 감추고 설경을 연출한다.

처마 끝에 닿을 듯이 나뭇가지에 눈꽃이 활짝 피어있고, 대웅전 등 건물의 단청과 하늘과 눈꽃의 조화가 풍경소리와 어우러져 어느덧 하나의 풍경이 된다. 무상사에서 내려다보이는 마주 앉은 산들도 세상 시름을 잊은 양 고즈넉하다.

맛있는 점심을 먹고 우여곡절을 거치며 도착한 '선샤인랜드'는 김은숙 작가와 1900년대 의병들의 이야기를 그려낼 휴먼 멜로드라마 '미스터 선샤인' 촬영장소로 확정돼 추후 많은 관심이 쏟아질 것으로 예상되는 곳이다. 한류 문화를 접목한 병영테마파크로 시가지 전투체험장, 다목적 경기장 등 군사병영문화를 콘텐츠로 레저 · 스포츠공간으로 건립됐다.

〈강경 근대문화역사거리〉

1930년대 국내 3대 시장으로 전성기를 구가했던 강경시는 빛과 소금을 테마로 근대역사 문화공간 관광자원화 사업을 추진 중에 있다. 강경역사관(구 한일은행)을 중심으로 한 '소금거리'는 강경상인역사관, 커뮤니티센터, 역사공원카페테리아 등 근대역사문화공간으로 구 포목점을 중심으로 한 '빛거리'는 종교, 문학, 예술이 연계된 근대문화권으로 조성, 모던클럽 등이 들어서며 투어프로그램 퍼포먼스 등 거리관광프로그램도 개발 계획해 운영한다

〈논산 양촌양조장〉

양촌양조장은 한옥을 개조한 반지하 복층 구조의 건물로 유명한 96년 전통을 지닌 논산의 대표 막걸리 양조장이다. 막걸리뿐 아니라 막걸리병 디자인은 2014년 독일 레드닷 디자인 어워즈를 수상했다. 일행을 반기며 주인장이 내놓은 돼지고기 송송 썰어 넣은 김칫국 맛이 일품이었다.

금산에 도착해 숙소에 짐을 풀고 인삼 향기 물씬 풍기는 기운을 듬뿍 받고 단잠을 청했다.

아침 일찍 일어나 금산 인삼시장으로 향했다. 금산은 전국 인삼 생산과 유통량의 80%를 차지한다. 세계 인삼의 중심지라고 해도 과언이 아닐 정

도로 이른 아침에도 불구하고 인삼이 산더미처럼 쌓여 있다. 강 처사의 전설에 의하면 1500년 전, 병든 어머니를 위해 산삼을 캐서 약을 드리고 나머지를 밭에 심어 재배하기 시작하며 오늘날의 인삼이 시작되었다 한다.

〈칠백의총〉

임진왜란 때 조헌 선생과 영규대사가 이끄는 의병이 왜군과의 싸움에서 순절한 700 의사의 묘이다. 임진왜란이 일어나자 조헌 선생은 의병을 일으켜 영규대사와 함께 청주성을 수복하고, 호남 순찰사인 권율 장군이 이끄는 관군과 함께 금산의 적을 협공하기로 한다. 그러나 권율 장군이 보낸 작전을 바꾸어 기일을 늦추자는 편지를 받아보지 못한 채 출병한 의병부대는 필사무퇴의 결전을 벌이다가 모두 순절하였다. 조헌 선생의 제자들이 칠백의사의 유해를 한 무덤에 모시고 칠백의총이라 했다.

〈순의비각〉

중봉 조헌 선생 일군 순의비의 파비가 보존되어 있다. 이 비는 임진왜란 때 조헌 선생과 승장 영규대사를 따라 청주를 수복하고 금산 싸움에서 순절하기까지 행적을 쓴 것이다. 일제 강점기에 금산경찰서장 일본인 이씨까와 미찌오에 의하여 비가 폭파되었던 것을 인근 주민들이 뒷산에 묻어두었다가 8 · 15 해방 후에 다시 파내어 보관 중 파비를 붙여서 다시 세우고 비각을 건립했다.

〈보석사〉

885년에 조구가 창건하였으며, 창건 당시 절 앞산에서 채굴한 금으로 불상을 주조하였기 때문에 절 이름을 보석사라고 하였다. 임진왜란 때 불타

버린 것을 고종 때 명성황후가 중창하여 원당으로 삼았으며, 1912년부터는 31본산의 하나로서, 전라북도 일원의 33개 말사를 통괄하였다. 현존하는 당우로는 대웅전 · 진영각 · 심검당 · 산신각 · 응향각 · 체실 · 요사채 등이 있다.

대웅전은 정면 3칸, 측면 2칸에 다포집 맞배지붕이며, 법당 내부에는 석가모니불 · 관세음보살 · 문수보살의 좌상을 모셨는데, 조각 수법이 정교하고 섬세하며, 상호가 원만하고 자비로워 조선시대 불상 중에서는 극치의 것으로 평가받고 있다.

진영각은 휴정 · 유정 · 영규의 영정을 모셨던 곳이나 최근에 영정을 도난당하였다. 또한 이 절의 의병승장비는 공주의 청련암과 보석사에서 무예를 익힌 뒤 임진왜란 때 왜병과 싸우다가 전사한 승병장 영규의 순절비로서, 1839년 5월에 금산 군수가 절 입구에 세운 것이다. 영규가 순국한 내용을 적은 이 비는 일제강점기에 일본인에 의해서 자획이 뭉개지고 땅에 묻혔던 것을 1945년 정요신이 찾아서 다시 세웠으며 높이는 약 4m이다.

절 입구에는 둘레 11m의 큰 은행나무가 있다. 이 나무는 창건주 조구가 제자 5인과 더불어 육바라밀을 상징하는 뜻에서 둥글게 여섯 그루를 심은 것이 하나로 합해졌다고 하며, 나라에 이변이 있을 때는 24시간을 운다고 전해진다.

〈적벽강〉

전북 장수군 장수읍 수분리 뜬봉에서 발원한 금강은 북쪽으로 유유히 흐르다가 창남에 들어서서 동남쪽에 물굽이를 틀어 서쪽 금산군 부리면 방우리에 들어선다. 여기서부터 층암절벽으로 이루어진 산 사이를 뚫고 금강이 흘러 수통리에 이르면 그 앞의 넓은 시야로 좌측으로 기암을 이루는 절벽으로 이루어진 산을 적벽이라 부르고 그 아래에 흐르는 금강을 '적벽강'이라 한다.

적벽은 바위산이 붉은색이란 데서 유래된 것으로 30m가 넘는 장엄한 절벽에는 강물 아래로 굴이 뚫어져 있으며, 이 산에는 기화요처가 자리 잡고 있어서 더욱 신기한 산으로 알려져 있다.

전형적인 농촌 풍경의 모습과 기암절벽을 굽이굽이 휘감아 돌며 흐르는 적벽강엔 가을이 물들여 놓은 붉은빛이 절벽에 스며들어 설경 속에 붉은 자태를 뽐내고 있다. 적벽교 아래로 펼쳐진 물 맑은 강엔 쉬리, 참마자, 꺽지 등 귀한 물고기들이 헤엄치고 강가에 자갈밭과 빛바랜 갈대들은 찬바람에 작은 파도 이루며 출렁이고 있다.

가을에는 불타는 단풍이 강물에 투영되어 절경을 이루며, 창파에 저녁노을 질 무렵 일엽편주에 몸을 싣고 적벽 절경을 바라보는 것도 일품이다. 적벽 아래 흐르는 금강은 마치 호수와 같이 잔잔히 흐르며 모래사장이 길게 깔려 있어 더욱 운치를 돋운다. 일설로는 중국 양자강 상류에 있는 천의 절경 적벽강과 흡사하다 해 적벽, 적벽강이라 부르게 되었다고도 한다.

봄철에 해가 뜨면 적벽강엔 춘화가 여름에는 푸른 소나무 잎이 가을에는 단풍이 겨울에는 설화가 비쳐 비단에 수놓은 푸른 물결과 함께 사계절 절정을 이룬다. 어부들이 배를 띄워 강물에서 고기를 건져 올리는 모습 또한 절경이다. 적벽강을 마주하고 앉아 맛집에서 잡어 뱅뱅이와 어죽으로 점심을 먹고 아쉬운 발걸음을 일상으로 돌린다.

문학세계대표작가선 911

참새 살리기

한현숙 수필집

인쇄 1판 1쇄 2019년 12월 14일
발행 1판 1쇄 2019년 12월 21일

지 은 이 : 한현숙
발 행 처 : (재)당진문화재단
주 소 : 충남 당진시 무수동2길 25-21
전 화 : 041)350-2932
팩 스 : 041)354-6605
http://www.dangjinart.kr/

펴 낸 이 : 김천우
펴 낸 곳 : 도서출판 천우
등 록 : 1992. 2. 15. 제1-1307호
주 소 : 서울시 성동구 무학봉28길 6 금용빌딩 2F
전 화 : 02)2298-7661
팩 스 : 02)2298-7665
http://moonhak.wla.or.kr
E-mail : chunwo@hanmail.net

값 13,000원

이 책은 당진문화재단 사업비로 제작되었으며 「2019 당진 차세대 문학인」 선정작품집입니다.

ISBN 978-89-7954-793-1

이 도서의 국립중앙도서관 출판예정도서목록(CIP)은 서지정보유통지원시스템 홈페이지(http://seoji.nl.go.kr)와 국가자료공동목록시스템(http://www.nl.go.kr/kolisnet)에서 이용하실 수 있습니다. (CIP제어번호: CIP2019048567)